못 받은 돈 찾아주는
전자소송 바이블

못 받은 돈 찾아주는
전자소송 바이블

초판 1쇄 인쇄일 | 2023년 6월 10일

초판 1쇄 발행일 | 2023년 6월 20일

지은이 | 공대일

펴낸이 | 하태복

펴낸곳 이가서

주소　서울시 중구 서애로 21 필동빌딩 301호

전화·팩스 02) 2263-3593 · 02) 2272-3593

홈페이지　www.leegaseo.com

이메일　leegaseo1@naver.com

등록번호　제10-2539호

ISBN　978-89-5864-988-5 (03360)

못 받은 돈 찾아주는
전자소송 바이블

공대일 지음

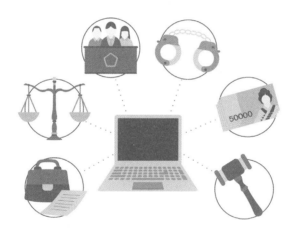

이가서
Leegaseo publishing

　많은 사람들이 금전채권 관계에 어려움을 겪고 있다. 채권자는 채권자 나름대로, 채무자는 채무자 나름으로 어려움이 있다. 좋은 마음으로 금전을 빌려주었으나 갚기로 한 날짜만 되면 잠수를 타버리거나 어이없는 핑계를 대는 채무자의 태도에 채권자의 근심은 날로 늘어만 간다. 채무자와의 관계를 생각하여 최대한 법적으로 진행하는 것을 피하려고 채무자의 편의를 봐주었지만, 세월이 흘러보니 시간은 채무자의 편이었다. 막상 법대로 진행하려해도 무엇부터 해야 할지 모르는 경우가 대부분이다. 인터넷에는 돈을 빌려주고 못 받고 있는데 어떻게 해야 하는지 묻는 질문이 하루에도 수십 건씩 올라온다. 질문자들도 잘 알겠지만, 본인의 재산과 권리를 지킬 수 있는 수단은 결국 '법'이고, 이러한 법의 도움을 받기 위해서는 법을 아는 수밖에는 다른 수가 없다.

　도움을 얻기 위해 법무사, 변호사를 찾았지만 채무자로부터 받을 수 없을지도 모르는 금전에 수수료가 너무 비싸게 든다는 생각도 든다. 무슨 말을 하는 건지 견적서의 금액 말고는 알아듣기도 어렵다. 법에 대해 무지했고, 돈을 건네줄 당시의 나의 잘못된 판단이 원망스러울 따름이다.

　사회생활을 하다보면 금전거래는 필수적인 일이고, 사고의 가능성은 늘 존재한다. 이러한 사고를 미리 예측하여 예방했다면 지금의 불상사는 일어나지 않았을 것이다. 그러나 이미 일어나버린 일이다. 이제는 해결하는 데 최선을 다하는 수밖에 없다.

최근에는 인터넷과 기타 매체 등을 통해서 법률 정보가 공개되며 일반인들도 전문가의 도움 없이 '나홀로 소송'을 하는 사례가 늘고 있다.

처음에는 무엇부터 해야 할지 몰라서 당황할 수밖에 없다.

이 책에서는 떼인 돈을 받기 위한 각종 소송의 종류와 과정들을 설명하고, 당사자가 전자소송 홈페이지를 통하여 직접 소송을 할 수 있도록 소개해두었다. 법률용어와 절차가 다소 생소하고 어렵게 느껴질 수 있으나, 조금만 유심히 본다면 대부분 이해할 수 있을 것이다. 지면관계상 소송의 모든 부분을 다루지는 못하였으나 그 구조와 틀은 대동소이하다. 현재 처해있는 각 상황에서 할 수 있는 소송은 무엇인지, 각 소송의 절차와 방법을 구체적으로 쉽게 설명하였다. 유의하여 연구하고 찾아보면 반드시 해결 방법을 찾을 수 있을 것이다.

이 책은 개개의 구체적인 사건에 대한 것이 아닌 아주 보편적이고 일반적인 정보를 바탕으로 작성되었으며, 혼자서 진행하는 것이 어렵다고 판단되는 경우 반드시, 반드시 채권추심 전문 변호사 또는 법무사에게 자문을 구하여 소송 등을 진행해야 한다.

전자소송은 종이소송보다 훨씬 간단한 절차로 집안에서도 해결할 수 있다. 많은 사람들이 이 책을 보고 도움을 받기를 바란다.

찾아보기

1. 전자소송이란

1) 대법원 전자소송

일반인에게 전자소송이라는 제도는 다소 생소할 수 있다.

전자소송제도는 기존의 소송과는 달리 인터넷을 통해서 이루어진다. 더 정확히는 소송에 필요한 서류를 기존의 종이 서류가 아닌 전자 서류로 대체해 진행한다. 법원을 방문해 지루한 기다림의 끝에야 받을 수 있었던 각종 소송 관련 서류들을 이제는 법원을 방문하지 않고도 인터넷을 통해 쉽고 편리하게 제출 또는 열람, 관리할 수 있다. 며칠을 허비해가며 우편으로 받아야하는 불편함도 이제는 없다. 이를테면 각종 소장 제출은 물론, 법원에서 전자송달한 문서 등을 온라인으로 즉시 발급받을 수 있고, 소송비용을 온라인으로 직접 납부할 수도 있다. 종이 위주인 기존 소송의 경우에는 소송비용도 은행을 여러 군데 옮겨 다니며 납부해야 하는 번거로움이 있었지만 전자소송은 그렇지 않다. 또한, 내 사건의 진행현황은 여러 건이더라도 한눈에 볼 수 있게 조회하고, 작성 중인 서류를 관리할 수 있다. 각종 제증명서류(송달증명, 확정증명 등)도 전자소송제도로 신청, 발급할 수 있다. 자신에게 송달된 서류를 이메일이나 문자메시지를 통해 통지를 받아 확인할 수도 있다.

따로 종이로 프린트를 하거나 복사를 해두지 않아도 공인인증서만 있다면 인터넷을 통해 소송을 진행함으로써 많은 시간과 비용을 절약할 수 있다. 다만 서증은 여전히 스캔해서 제출해야 하는 번거로움이 있다.

전자소송의 첫 시작은 2010년부터다. 특허 사건부터 시작되어 그 후 순차적으로 민사, 가사/행정/보전처분, 파산/회생, 민사집행 및 비송사건까지 현재는 형사소송을 제외한 모든 재판을 전자소송으로 진행할 수 있다.

포털사이트에서 '대법원 전자소송'이나 '전자소송'을 검색하면 "대한민국 법원 전자소송ecfs.scourt.go.kr이라는 사이트를 발견할 수 있다. 클릭해서 들어가 보자.

다음은 대한민국 법원 전자소송 사이트의 첫 메인화면이다.

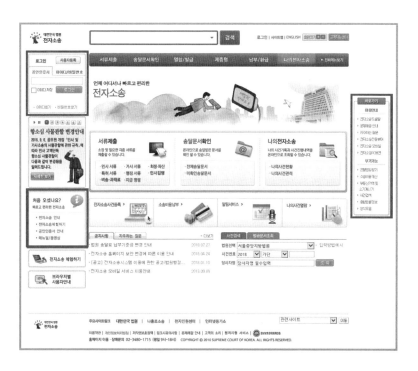

❶ 공인인증서나 아이디/비밀번호를 통한 로그인 창이다.

❷ 전자소송에 대한 전반적인 사항을 매뉴얼과 동영상을 통하여 확인할 수 있다.

❸ 전자소송을 이용하면서 생기는 궁금증 들을 도움말이나 문제해결 안내, 자주하는 질문을 통하여 해소할 수 있다.

❹ 홈페이지 이용을 하며 의문점이 든다면 평일 오전 9시부터 오후 6시까지 상담원에게 직접 문의할 수 있다.

2) 준비사항

전자소송을 위해, 준비해야 할 것이 두 종류 있다. 공인인증서와 소송 관련 증빙서류다. 하나씩 알아보자.

(1) 공인인증서

전자소송을 진행하기에 앞서서 '공인인증서' 또는 '행정전자서명용 인증서'가 필요하다. 이 공인인증서는 일종의 신분증 역할을 한다. 주민등록증이나 운전면허증 등의 온라인 버전인 셈이다. 각종 문서 제출시 신원확인과 전자서명 등에 사용된다. 현재 사용 중인 PC나 스마트폰 등 각종 이동매체에 공인인증서가 이미 있다면 그것을 그대로 쓸 수 있지만, 만약 공인인증서가 없는 경우 신규로 발급받아야 한다. 공인인증서가 없는 경우 은행, 증권사 등에서 발급받을 수 있다.

(2) 소송관련 증빙서류

전자소송을 진행하는 데 필요한 서류 등을 말한다. 필수 서류인 만큼 미리 구비해 두고, 스캔도 받아두어 파일로 저장해두어야 한다. 이를테면 제출에 필요한 판결문, 공정증서, 채무자의 주민등록표 초본 등이 그렇다. 다만 채권에 대한 강제집행시에는 증서 등의 정본이 필요하므로 스캔본 말고도 종이로 된 정본을 꼭 소지하고 있어야 한다. 제출 역시 전자우편이 아니라 법원을 방문하거나 우편을 통해 법원에 직접 제출해야 한다. 각종 신청서 소장의 서식은 전자소송 홈페이지에서 직접 작성하므로 따로 준비할 필요는 없다.

(3) 사용자 등록

위 준비사항 중 공인인증서가 준비되면 사용자 등록이 가능하다. 어렵게 생각할 것 없이, 인터넷 사이트의 회원가입과 크게 다르지 않다. 등록할 사용자 유형에는 개인, 법인, 법무사 등 여러 종류가 있으나 본지에서는 14세 이상의 개인-내국인임을 전제로 서술하고 있다. 전자소송을 시작하는 첫 관문이니, 순서에 따라 차근차근 설명하겠다.

❶ 대법원 전자소송 사이트 메인화면에서 사용자등록을 클릭한다.

❷ 1단계-사용자 유형선택 : 일반사용자등록 – 개인 – 내국인을 클릭한다.

❸ 2단계 – 약관 등 동의 : 동의를 클릭한다.

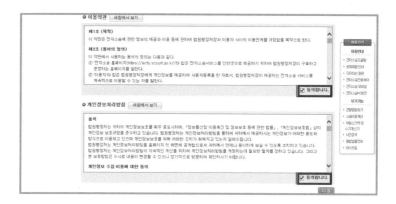

❹ 3단계 – 실명확인 : 성명과 주민등록번호를 입력한다. 본인 명의의 휴대폰이나 신용카드로도 실명확인을 진행할 수 있다.

❺ 4단계 - 사용자정보입력

사용자등록 홈 > 사용자정보 > 사용자등록　　　　　　　　　🖨 출력

4 단계 / 사용자정보입력

1단계 / 2단계 / 3단계 / 4단계 / 5단계
사용자유형선택 / 약관 등 동의 / 실명확인 / 사용자정보입력 / 등록완료

• 비밀번호 작성규칙

› 영문자(a~z, A~Z, 52개), 숫자(0~9, 10개), 특수문자(32개) 중 2종류 이상으로 구성해야 함
› 아이디, 휴대전화번호 뒷자리는 비밀번호로 사용금지
› 동일한 문자 4자리 사용금지
› 비밀번호로 사용하지 못하는 문자(1234, qwer, asdf, zxcv, abcd, !@#$)

● 기본정보　　　　　　　　　　　　　　　　　　　　　　　　　* 필수입력사항

* 아이디	[　　　　　] [중복확인] (7~14자의 영문자와 숫자조합, 대/소문자 구분, 한글사용불가)
* 비밀번호	[　　　　　] (영문자, 숫자 및 특수문자 조합으로 10~15자리의 조합)
* 비밀번호확인	[　　　　　]
* 비밀번호 힌트	비밀번호를 잊은 경우 아래 작성하신 질문과 답을 이용하여 본인확인 후 비밀번호를 재발급 받으시게 됩니다. 질문과 답을 잘 기억하시기 바랍니다. 질문 [선택 ▼] 답변 [　　　]
* 이름	[　　　　　]
* 주민등록번호	[　　] - ●●●●●●●
* 국적	[대한민국 ▼]
* 주소	[　　] [우편번호 찾기] □ 국내주소가 아닌 경우 체크 후 우편번호 조회 없이 직접 입력하세요. [　　　　] [　　　　] ※ 상세주소 표기 방법 : 동·호수 등 • (동명, 아파트/건물명)
송달장소	☑ 위 주소와 동일
* 연락처	휴대전화번호 [선택 ▼] - [　] - [　] (필수입력사항) 전화번호 [선택 ▼] - [　] - [　] (선택사항) 팩스번호 [선택 ▼] - [　] - [　] (선택사항) • 입력하신 휴대전화번호는 송달 및 접수내역을 문자메시지로 발송하는데 이용됩니다. 본인 명의의 휴대전화가 없는 경우 문자메시지를 수신 받을수 있는 휴대전화번호를 입력하세요. 사용자정보의 휴대전화번호를 추후 변경할 경우 진행되고 있는 사건의 문자메시지 발송하는 휴대전화번호 역시 변경이 이루어집니다.
* 이메일	[　　　] @ [　　　] [선택 ▼]
보조이메일	[　　　] @ [　　　] [선택 ▼]
사실조회기관	□ 사용자등록 후 사실조회기관 등재를 원하시면 체크해주십시오.

● 부가정보
• 환급계좌정보

은행선택	[해당없음 ▼]
계좌번호	[　　　　] (' - ' 없이 숫자만 입력하세요)
예금주	[　　　　] [계좌확인]

› 환급계좌 입력 후 계좌확인을 통해 예금주를 확인하여 주시기 바랍니다.
› 인지액과 송달료 납부시 환급계좌정보가 설정됩니다.
› 계좌확인은 은행업무 시간에만 가능하고, 환급계좌 입력사항은 필수가 아니므로 은행업무시간이 아닌 경우에는 환급계좌정보를 입력하지 않아도 사용자등록이 가능합니다.

＊아이디 : 본인이 사용할 아이디를 입력하고 '중복확인'을 클릭한다.

＊비밀번호 및 비밀번호 확인 : 비밀번호는 10~15글자 이상의 영문/숫자 및 특수문자 조합으로 작성한다. 확인을 위해 두 번 입력해야 한다.

＊비밀번호 힌트 : 비밀번호를 잊어버린 경우 재발급받기 위한 비밀번호 힌트의 질문과 답변을 작성한다.

＊이름, 주민등록번호 : 사용자명과 주민등록번호는 이전단계에서 작성한 내용이 표시되며, 이 단계에서는 수정할 수 없다.

＊국적 : 국적을 선택한다.

＊주소 : '우편번호확인'버튼을 클릭하여 주소를 작성한다. 이때 현재 주소와 송달주소가 같으면 '위 주소와 동일'을 체크하고, 현재 주소와 송달 주소가 다르면 주소지를 따로 작성한다.

＊연락처 : 휴대전화번호, 전화번호, 팩스번호를 입력하는 란이 있으나 모두 입력해도 되고, 필수기재사항인 휴대전화번호만 작성해도 족하다.

＊이메일 : 이메일 주소를 입력한다. 추후에 이메일을 통하여 소송진행상황등의 내용을 받아볼 수 있다.

＊사실조회기관 : 사실조회기관으로 등재를 원하면 체크한다.

−작성을 완료한 후 확인 버튼을 클릭하고 공인인증서 인증 후 확인.

❻ 5단계 – 등록완료

(4) 사이트메뉴 안내

＊시작하기 전 '전자소송 안내 – 사이트메뉴 안내'를 꼭 먼저 확인하여
사이트상의 메뉴를 숙지하는 것이 좋다. 특히 '나의전자소송'메뉴에
서 '나의사건현황, 나의사건관리, 작성중서류'등을 확인해 두어야 추
후 진행 중인 사건에 대해서 편리하게 열람하고 관리할 수 있다.

(1) 소송에도 전략이 필요하다

대여금 등의 채권채무 관계가 발생했을 때 가장 좋은 해결 방법은 채무자와의 원만한 합의를 통해 채무를 변제받는 것이다. 하지만 많은 경우 제때 변제받지 못하는 경우가 많다. 채무자가 사실과 다른 거짓말을 하기도 하고, 아예 연락이 두절되어버리는 경우도 허다하다.

이런 경우 중요한 점은 법적인 절차를 통해 판결문을 받고 재산명시 신청을 통하여 성공적으로 채무자의 재산에 압류결정을 받아내는 것이 아니라 실질적인 금전 회수를 목표로 채무자를 압박하고, 재산이 있다면 재산을 우선적으로 압류하여 채권의 만족을 얻는 것이다. 이러한 과정에서 채무자는 채권자와 합의가 없는 상태로 갑작스레 은행 예금계좌가 압류되거나, 직장의 급여에 대해 압류결정 통보를 받게 될 수도 있다.

때문에 섣부른 법적 절차는 채무자로 하여금 재산을 은닉할 기회를 제공하거나, 감정만 상하게 하여 원만한 채무변제가 이루어지지 않을 수도 있으니 신중히 결정해야 한다.

그럼에도 불구하고 법적인 절차, 즉 소송을 진행하기로 결정했다면 소송을 통해 무엇을 할 수 있는지 알아보고 나름의 전략을 짜서 진행하도록 해야 한다. 필요한 것은 취하고 필요하지 않은 것은 넘어가도 좋다. 이를 잘 알지 못하여 수많은 시간을 낭비할 수도 있고, 채무자로 하여금 재산을 빼돌릴 빌미를 제공하게 될 수도 있다. 진행하기에 앞서 어느 정도의 공부는 불가피하다. 법률용어를 처음 접한다면 다소 낯설게 느껴질 수 있으나 자주 보고 사용하다보면 익숙해질 것이다. 판단이 어려워 혼자 할 자신이 없다면 반드시 채권추심전문 변호사나 법무사와 상담 후 진행하는 것이 좋다.

채무변제를 받아내는 과정들이 많이 고통스럽게 느껴지겠지만 민법에서는 법률에서 정해진 담보 등의 제도를 사용하지 않고, 투자를 하거나 돈을 빌려주는 판단을 한 채권자의 책임도 어느 정도 인정하기 때문에 이는 본인이 책임져야 한다.

(2) 형사소송은 전자소송으로 진행이 불가하다.

채권채무 관계에서 사기가 인정되려면 일정한 요건이 필요하다. 투자하거나 금전채권 관계가 성립될 당시 채무자가 돈을 갚을 의사가 없거나 돈을 갚을 능력이 없는 경우가 이 요건에 해당한다. 그런데, 사기는 형사소송으로 진행해야 하며 형사소송은 전자소송으로 진행이 불가하다. 대법원은 형사재판에 전자소송을 도입한다는 계획을 2018년 7월 31일에 밝혔다. 2019년에 시범재판부에서 시범실시하고, 2020년부터 본격 도입할 계획이었는데, 다시 연기됐다. 이처럼 아직은 모든 소송이 전자소송으로 대체될 수 없지만 민사, 가사 행정, 보전처분, 파산 회생, 형사까지 계속해서 범위를 늘려가고 있다.

기존에는 형사사건 기록을 종이 원본으로만 복사해야 했기 때문에 형사기록 열람과 복사 절차는 번거롭다며 많은 지적을 받아왔다. 하루에 열람과 복사를 할 수 있는 건수도 정해져 있기 때문에 처리하는 자원과 시간의 낭비가 심했다. 그러나 형사소송도 전자소송이 도입된다면 수고도, 사건처리 기간도 매우 단축될 것이다.

1. 당신의 권리증명, 집행권원이 있을 때와 없을 때

1) 집행권원의 발급

소송을 진행하기에 앞서 가장 먼저 필요한 것은 '집행권원'이다. 집행권원이란 국가의 강제력에 의하여 실현될 청구권의 존재와 범위를 표시하고 집행력이 부여된 공정증서를 말한다. 과거에 민사소송법에서는 채무명의 또는 집행명의라고 했다. 법원이 관여하지 않았더라도 공증사무소에서 당사자의 진술에 의거, 작성한 공정증서도 집행권원이 될 수 있다. 더 쉽게 이야기하자면 '강제집행 등 실질적인 압류를 할 수 있는 권리 또는 권한'을 뜻한다.

즉 집행권원이 없이 차용증 등 채권원인서류만 가지고 있다면 채무자의 재산에 강제집행을 할 수 없다.

채무자의 재산에 강제집행을 하기 위해서는 집행권원을 포함한 몇 가지 요건이 필요하다. 우선 소송을 통하여 승소판결문을 받아 집행권원을 얻어야 한다. 이 집행권원이 채무자(피고)에게 송달이 되어야 하고 이를 증명하는 '송달증명원'이 필요하다. 만약 집행권원이 승계집행문이라면 그 승계집행문과 송달증명원이 필요하다. 또한 집행권원상의 이행일시가 이미 도래해야 하며, 집행함에 있어 장애가 되는 요소가 없어야 한다.

＊채무자의 재산에 강제집행이 가능한 집행권원의 종류는 다음과 같다.

(1) 확정된 종국판결, 가집행의 선고가 있는 종국판결

민사집행법 제24조(강제집행과 종국판결) 강제집행은 확정된 종국판결이나 가집행의 선고가 있는 종국판결에 기초하여 한다. 집행을 위해서는 집행문과 확정증명이 필요하며 소멸시효는 10년이다.

(2) 외국법원의 판결에 대한 집행판결

민사집행법 제26조(외국재판의 강제집행) ①외국법원의 확정판결 또는 이와 동일한 효력이 인정되는 재판(이하 "확정재판등"이라 한다)에 기초한 강제집행은 대한민국 법원에서 집행판결로 그 강제집행을 허가하여야 할 수 있다. 〈개정 2014. 5. 20.〉 소멸시효는 10년이다.

(3) 확정된 지급명령 :

민사소송법 제474조(지급명령의 효력) 지급명령에 대하여 이의신청이 없거나, 이의신청을 취하하거나, 각하결정이 확정된 때에는 지급명령은 확정판결과 같은 효력이 있다.

민사집행법 제58조(지급명령과 집행) ①확정된 지급명령에 기한 강제집행은 집행문을 부여받을 필요없이 지급명령 정본에 의하여 행한다. 다만, 다음 각호 가운데 어느 하나에 해당하는 경우에는 그러하지 아니하다.

1. 지급명령의 집행에 조건을 붙인 경우
2. 당사자의 승계인을 위하여 강제집행을 하는 경우
3. 당사자의 승계인에 대하여 강제집행을 하는 경우 소멸시효는 10년이다.

(4) 집행증서

공증이란 특정한 사실 또는 법률관계의 존재를 공적으로 증명하는 행위이다. 그 효력으로 공문서로서의 강력한 증거력을 가지고 있으며, 강제집행을 실시하는 경우 집행권원으로서의 집행력을 가진다. 그 자체로서 판결문의 효력을 가지고 있기 때문에 판결문을 따로 받을 필요가 없다.

❶ 약속어음공정증서

약속어음공정증서란 어음 또는 수표에 부착하여 강제집행을 승낙하는 취지를 기재한 공정증서를 말한다.

약속어음 공정증서는 액면금액에 대한 법정이자는 청구금액에 포함될 수 없으므로(대판 94마542,543) 금전소비대차공정증서와 그 차이가 있다.

분실한 경우에는 법원에 공시최고신청에 따른 제권판결을 받아야 재도부여가 가능하다.

이자 또는 지연손해금의 명시가 불가능하고, 분할변제 또한 불가능하여 일시변제만 가능하다. 소멸시효는 3년이다. 만일 3년 이내에 발행인에 대한 어음청구를 하지 않게 되면 이는 시효로 인해 더 이상 어음금 청구를 할 수 없게 된다. 어음과는 별개로 어음발행의 원인이 되는 대여금채권은 존재하므로 일반채권의 소멸시효와 동일하게 10년이 적용된다. 이 채권을 피보전권리로 하여 가압류등과 함께 대여금반환청구소송을 제기할 수 있다.

❷ 금전소비대차공정증서

금전소비대차공정증서는 대여금, 변제기한과 변제방법이 기재되고 공증은 공증인법 제15조 2에 의해 공증 인가받은 법무법인 또는 공증사무소에서 진행하여야 한다. 10년의 소멸시효가 적용되며 이 기간은 판결문을 받았을 때와 같다. 차용증과 다른 점은 금전소비대차 공정증서에는 강제집행인낙의 조항이 있어 채무자가 공정증서에 따른 계약내용을 이행하지 않을 경우 채권자는 집행문을 발급받아 즉시 채무자의 재산에 강제집행을 할 수 있다.

만일 금전소비대차공정증서를 분실한 경우 경찰관서로부터 분실신고 접수증을 교부받아 재도부여가 가능하다. 일반적으로 약속어음공정증서를 발급받을 때보다 비용이 더 비싸나 채권자에게는 금전소비대차공정증서가 약속어음공정증서보다 유리하다.

각 공정증서에는 소멸시효가 있어서 해당 기간이 지나면 효력을 잃는다. 채무자입장에서 시효기간인 3년만 버티면 되는 것이 아니다. 채권자가 채무자의 재산에 강제집행 등(지급명령신청, 파산절차참가, 압류, 가압류, 가처분 등)을 하면 그때부터 새로운 시효로 기산한다. 만일 채무자의 재산을 알지 못하여 채권압류 등의 강제집행을 할 수 없는 경우에는 시효연장을 위한 지급명령신청을 할 수 있다.

(5) 소송상 화해조서, 청구의 인낙조서

민사소송법 제220조(화해, 청구의 포기·인낙조서의 효력) 화해, 청구의 포기·인낙을 변론조서·변론준비기일조서에 적은 때에는 그 조서는 확정판결과 같은 효력을 가진다. 소멸시효는 10년이다.

(6) 가압류명령, 가처분명령

민사집행법 제292조(집행개시의 요건) ①가압류에 대한 재판이 있은 뒤에 채권자나 채무자의 승계가 이루어진 경우에 가압류의 재판을 집행하려면 집행문을 덧붙여야 한다.

②가압류에 대한 재판의 집행은 채권자에게 재판을 고지한 날부터 2주를 넘긴 때에는 하지 못한다. 〈개정 2005. 1. 27.〉

③제2항의 집행은 채무자에게 재판을 송달하기 전에도 할 수 있다.

(7) 과태료의 재판에 대한 검사의 집행명령

민사집행법 제60조(과태료의 집행) ①과태료의 재판은 검사의 명령으로 집행한다.

②제1항의 명령은 집행력 있는 집행권원과 같은 효력을 가진다. 소멸시효는 5년이다.

(8) 확정된 화해권고결정

민사소송법 제225조(결정에 의한 화해권고) ①법원·수명법관 또는 수탁판사는 소송에 계속중인 사건에 대하여 직권으로 당사자의 이익, 그 밖의 모든 사정을 참작하여 청구의 취지에 어긋나지 아니하는 범위안에서 사건의 공평한 해결을 위한 화해권고결정을 할 수 있다. 소멸시효는 10년이다.

(9) 조정조서와 조정에 갈음하는 결정

민사조정법 제29조(조정의 효력) 조정은 재판상의 화해와 동일한 효력이 있다. [전문개정 2010. 3. 31.]

제30조(조정을 갈음하는 결정) 조정담당판사는 합의가 성립되지 아니한 사건 또는 당사자 사이에 성립된 합의의 내용이 적당하지 아니하다고 인정한 사건에 관하여 상당한 이유가 없으면 직권으로 당사자의 이익이나 그 밖의 모든 사정을 고려하여 신청인의 신청 취지에 반하지 아니하는 한도에서 사건의 공평한 해결을 위한 결정을 하여야 한다. [전문개정 2010. 3. 31.] 소멸시효는 10년이다.

(10) 소액사건심판법에 의한 이행권고결정

소액사건심판법 제5조의3 (결정에 의한 이행권고) ①법원은 소가 제기된 경우에 결정으로 소장부본이나 제소조서등본을 첨부하여 피고에게 청구취지대로 이행할 것을 권고할 수 있다. 다만, 다음 각 호 가운데 어느 하나에 해당하는 때에는 그러하지 아니하다.

1. 독촉절차 또는 조정절차에서 소송절차로 이행된 때
2. 청구취지나 청구원인이 불명한 때
3. 그 밖에 이행권고를 하기에 적절하지 아니하다고 인정하는 때 소멸시효는 10년이다.

이 외에도 중재판정에 대한 집행판결, 정정보도, 반론보도 또는 추후보도를 명하는 판결, 파산채권자표, 회생채권자표, 회생담보권자표, 회사회생절차에 있어서 이사 등에 대한 출자이행청구권 또는 그 책임에 기한 손해배상청구권의 조사확정의 재판, 가사소송법에 의한 심판 및 조정 또는 조정에 갈음하는 결정, 언론중재위원회의 중재조정조서와 중재조서, 당사자가 예납하지 아니한 비용의 수봉(收捧)결정, 소송구조 및 구조의 취소에 의한 비용추심의 결정, 벌금, 과료, 몰수, 추징, 과태료, 소송비용, 비용배상 또는 가납의 재판에 대한 검사의 명령, 특허권, 실용신안권, 디자인권, 상표권의 심판, 항고심판, 재심에 관하여 특허심판장이 정한 심판비용액 또는 심판관이 정한 대가에 관하여 확정된 결정 등이 있다.

2) 집행권원 및 집행문이 있는 경우

❶ 강제집행 – 동산, 부동산, 예금 등 채무자의 재산에 대한 강제집행을 즉시 할 수 있다.

❷ 재산명시신청 – 강제집행을 하기에 앞서 채무자의 강제집행 목적물, 즉 채무자의 재산관계를 정확하게 모른다면 채권자는 법원에 채무자가 법원에 재산목록을 제출하도록 하는 '재산명시신청'을 할 수 있다. 이후 사건 각하가 되거나 채무자가 제출한 재산목록의 진실, 거짓 여부에 상관없이 재산조회를 신청할 수 있다. 재산조회는 국가 및 공공기관 보유데이터를 사용하기 때문에 채무자의 재산현황을 정확하게 파악할 수 있다.

❸ 채무불이행자명부등록신청 – 과거의 신용불량자 등록이라고 생각하면 된다. 민사집행법 제70조에 의거 채권자는 그 채무자를 채무불이행자명부에 올리도록 신청할 수 있다. 채무불이행자명부 등록이 되면 채무자의 경제활동에 제한되는 것들이 많아지니 이는 채무자를 압박할 수

있는 좋은 수단이 된다. 그러나 동시에 채무자가 경제활동을 활발히 할수 없어 대여금 등의 회수가 어려워질 수도 있으니 잘 판단한 후 실행해야 한다.

3) 집행문·송달증명원·확정증명원의 신청 및 발급

채권에 대한 강제집행 등의 소송을 진행하기 위해서는 ①판결문 정본 ②집행문 ③송달증명원 ④확정증명원을 기본적으로 첨부해야 한다. 만약 집행문을 집행증서인 약속어음공정증서나 금전소비대차공정증서로 발급받았다면, 거기에 이미 판결문의 효과가 있으므로 송달증명원은 받을 필요가 없다. 아래에서 하나씩 알아보기로 한다.

집행문의 신청: 집행문이란 집행권원에 집행력 존재와 집행당사자 또는 집행의 범위, 목적물 등을 공증하기 위하여 법원사무관 등이 채무명의의 정본 말미에 부기하는 공증문서(민사집행법 29조)를 말한다. 집행문이 첨부된 집행권원 정본을 '집행력 있는 정본'이라 한다(제28조 제1항). 이 집행문은 강제집행을 실시하기 위하여 채권자의 신청에 의해 따로 부여되며, 집행기관인 법원에 강제집행 등을 신청, 위임하기 위해 첨부, 제출한다.

가압류, 가처분, 검사의 집행명령, 확정된 지급명령 등 소송을 진행할 때 예외로 집행문을 필요로 하지 않는 경우도 있다. 그러나 집행문을 필요로 하지 않는 집행권원에 집행 조건이 붙은 경우 또는 당사자의 승계가 이루어진 경우에는 집행문이 필요하다.

집행문 공증인이나 공증인가 법률사무소등에서 발급받은 공정증서에 대하여 집행문을 부여받고자 하는 때에는 공증사무소를 직접 방문하여야 한다. 증서를 작성한 다음 날부터 최소한 7일이 지나야 한다. 비용은 사무소별로 상이하나 대개 첫 발급시에는 10,000원 이다. 재발급받을 때는 횟수에 따라 비용이 점차 오를 수 있으니 이는 공증사무소에 문의한다.

집행문 부여 신청은 전자소송에서 지원하지 않았으나 2017년 12월부터 송달증명원, 확정증명원에 이어 집행문 발급도 전자소송으로 가능하다. 그러나 몇 가지 제한 조건이 있다.

첫 번째, 민사본안 사건만 가능하다. 보전처분 결정이나 소송비용 확정 결정 등에 대한 집행문은 법원을 직접 방문하여 발급받아야 한다.

두 번째, 초도신청만 가능하다. 재도/수통부여신청은 법원을 직접 방문하여 발급받아야 한다.

세 번째, 일반집행문만 집행문 발급이 가능하다. 승계집행문 등은 마찬가지로 법원을 직접 방문하여 발급받아야 한다.

송달증명원의 신청: 지급명령이나 이행권고결정은 송달증명이 집행권원에 이미 표기되어 있으므로 별도의 송달 증명을 받을 필요가 없다. 그러나 승계집행문을 부여받는 경우 승계집행문이 채무자에게 송달되었다는 송달증명은 받아야 한다.

확정증명원의 신청: 확정증명원은 발급받은 집행권원이 소송상 확정되었다는 확정증명을 받아야만 집행이 가능하다. 그러나 예외로 집행권원에 나와 있는 주문에 '가집행 할 수 있다.'라는 표시가 있으면 사건이 확정되지 않았더라도 집행이 가능하다. 조정, 인낙, 화해조서 등은 피고가 내용을 법정에서 이미 확인하였으므로 별도로 확정증명을 받을 필요 없이 집행력을 갖게 된다.

가) 판결문이 나왔다면 전자소송을 통해 집행문부여신청할 수 있고, 방법은 다음과 같다.

송달증명원과 확정증명원 역시 집행문의 발급방법과 대동소이하니 참고하여 발급받을 수 있다.

먼저 전자소송홈페이지에 접속하여 로그인한다.

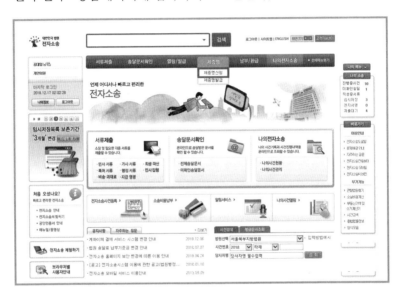

❶ 전자소송 메인페이지 제증명 – 제증명신청을 클릭한다.

❷ 제증명종류와 소송유형, 법원과 사건번호를 순서대로 입력한다.

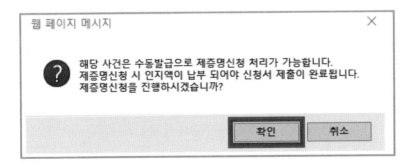

❸ 신청정보

＊신청구분 : '사건' 또는 '당사자별' 해당하는 항목을 선택.

＊발급당사자 : '발급당사자'를 클릭하여 다음과 같이 당사자를 선택

하고 확인버튼을 누른다.

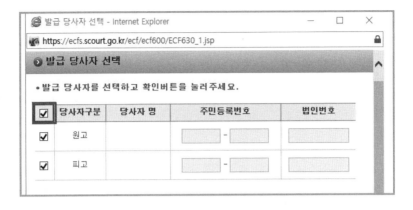

❹ 첨부서류 제출

첨부서류제출에는 소장 접수시 상대방의 주민등록번호 또는 법인등록번호를 기재하지 않은 경우 기재 후 주민등록번호 또는 법인등록번호를 알 수 있는 서류(주민등록표 초본 또는 법인등기부등본 등)를 첨부한다. 이미 기재한 경우라면 공란으로 두어도 괜찮다.

❺ 전자소송 동의

'이 사건의 제증명 신청 및 발급 절차에 관하여 전자소송시스템을 이용한 진행에 동의합니다.'를 체크한다. ― 임시저장 ― 작성완료 이하 생략.

❻ 완료

나) 신청완료한 집행문, 송달증명원, 확정증명원의 발급

– 집행문, 송달증명원, 확정증명원의 발급

❶ 제증명 – 제증명발급을 통해 들어가서 각 발급문서(집행문, 송달 증명원, 확정증명원)를 발급/조회 클릭 후 출력한다.

❷ 신청문서이력의 처리상태에 '발급' 이라고 나오는데 집행문을 발급 받으면 판결정본과 집행문이 함께 발급된다.

– 집행권원이 없는 경우

집행권원이 없는 경우에는 지급명령신청 또는 민사소송을 통하여 확 정판결을 받아 집행권원을 확보해야 한다. 집행권원을 확보하기 전에 증 거를 취합하여 채무자의 재산에 가압류등을 진행해 볼 수는 있으나 채권 만족의 실익을 얻기 위해서는 결국 집행권원이 필요하다.

2. 차용증을 쓰지 않고 돈을 빌려줬을 때

집행권원의 종류는 다양하지만 거기에는 중요한 한 가지 공통점이 있다. 바로 공적 문서라는 점이다. 반면 흔히 집행권원으로 착각하기 쉬운 차용증은 사적 문서로서 집행권원에 포함되지 않는다. 그렇다면 이 차용증이란 것은 마냥 무용지물에 불과할까? 결코 그렇지 않다.

차용증은 채무자의 재산에 즉시 강제집행 할 수 있는 법적 효력은 가지고 있지 않으나, 집행권원을 얻기 위한 직접적인 증거로 활용할 수 있다. 이런 이유에서, 차용증의 작성 여부는 무척 중요하지만, 차용증을 작성하지 않은 경우에도 집행권원을 확보할 수 있는 방법이 있다.

만약 차용증이나 지불각서 등 직접적인 증거가 없다면, 내용증명이나 계좌이체내역, 전화통화, 문자메시지, 증인 등의 간접증거 또는 정황증거를 최대한 수집하여 소송을 진행해야 한다. 소송에서는 증거가 있는 금액에 대해서만 돈을 받을 수 있게 되어 있다. 따라서 이러한 증거가 전혀 없다면 소송을 진행한다 해도 승소할 수 없다.

위 증거들이 준비되었다면 지급명령신청 또는 대여금반환청구소송을 진행하여 집행권원을 얻어야 한다. 채무자의 주민등록번호, 주소 등의 인적사항을 정확히 알고 있고 채무 내용에 이의제기를 하지 않을 것으로 예상된다면 지급명령신청을, 채무자의 인적사항을 정확히 알지 못하거나 채무자의 이의제기가 예상된다면 대여금반환청구소송을 제기해야 한다.

소송을 진행하여 승소한 후 판결문을 얻어 채무자의 재산에 압류 등을 할 수 있고, 소송에 들어간 변호사 비용이나 송달료 등의 전부 또는 일부를 부담시킬 수 있다. 소송 비용이 채권 금액에 비해 적지 않게 들어갈 수 있으므로 채무자에게 비용을 지불할 능력이 있는지 모두 따져본 후 소송의 진행 여부를 판단하여야 할 것이다.

또한 차용증이 없는 경우에는 채무자에게 보낸 돈의 성격이 투자인지 아니면 단순히 빌려준 금액(대여금, 공사대금, 물품대금 등)인지 그 성격을 명확하게 하여야 한다. 대여금, 즉 빌려준 돈인 경우에는 원금과 상환일, 이율, 이자지급시기를 입증해야 하고, 채무자의 개인 사정과는 무관하게 원금과 이자를 상환받을 수 있다. 그러나 투자금의 경우 투자해서 나오는 수익금을 받을 수 있으나, 수익금이 따로 없는 경우에는 자신이 투자한 지분만큼만 받을 수 있다. 즉 투자한 사업의 운영이 제대로 되지 않아 기업의 가치가 없는 경우에는 투자한 돈을 돌려받을 수 없다.

이 과정에 필요한 지급명령신청, 대여금반환청구소송, 사실조회신청의 과정과 방법은 각 목차에 자세히 기술해두었다.

3. 채무자의 주소를 알지 못할 때

채무자(피고)의 주소를 모르는 경우

채무자(피고)에게 소송을 제기하거나 내용증명을 보내려면 우편물을 송달받을 주소를 반드시 알아야 하지만, 주소를 모르는 경우에 취할 수 있는 몇 가지 방법이 있다. 대표적인 것이 채무자의 주민등록표 초본을 받는 것이다.

채무자의 주민등록표 초본을 발급받을 때는 방문하고자 하는 주민센터에 미리 전화하여 준비사항을 물어보는 것이 좋다. 빈번한 업무가 아니기 때문에 잘 모르는 경우도 있고, 주민센터마다 준비사항이 다른 경우가 있기 때문이다. 다른 방법으로는 통신사나 은행에 문의하여 주소를 알아보는 방법도 있다. 아래에서 각각의 경우에 따라 하나씩 서술해놓았다.

(1) 채권원인서류와 반송된 우편물을 통해 채무자의 초본 발급받기

①채권원인서류(차용증, 지불각서 등 채권자와 채무자의 서명, 변제 날짜가 기재된 서류)

②채무자에게 보내고 반송된 우편물(내용증명, 일반우편, 등기우편 등)

＊우편물의 내용에는 채권채무에 관한 변제최고의 내용이 포함되어 있어야 한다.

③강제집행신청서(채권압류 및 추심명령신청서, 재산명시신청서, 채무불이행자명부등재신청서 등)

④신분증

위 준비사항을 지참하여 인근 주민센터에 '주민등록표 열람 또는 등·초본 교부 신청서'를 작성/제출하면 채무자의 주민등록표 초본을 발급받을 수 있다. 그러나 이 경우 주민등록번호 뒷자리는 표기되지 않으며, 과거의 주소변동사항이 나오지 않고 현재 주소와 이전 주소만 표시되어 제한된 정보만 확인할 수 있다.

(2) 이해관계사실확인서와 반송된 내용증명을 통해 채무자의 초본 발급받기

이해관계사실확인서는 변호사, 법무사, 행정사, 세무사를 통하여 발급받을 수 있다. 발급받은 이해관계사실확인서와 반송된 내용증명을 첨부하여 '채권·채무 관계자의 주민등록표 초본의 열람 또는 교부 신청서'를 인근 주민센터에 제출하면 채무자의 주민등록표 초본을 발급받을 수 있다.

＊이해관계사실확인서를 발급받기 위한 준비사항은 다음과 같다.

①채무금액이 최소 50만원 이상일 것.

②차용증, 매매계약서, 임대차계약서, 계좌이체 내역, 문자메시지 내역 등 채무관계를 입증할 수 있는 자료.

③채무자의 주민등록번호.

(3) 집행권원을 통해 채무자의 초본 발급받기

①집행권원 정본(공정증서, 확정판결문, 인낙조서, 조정조서, 화해조서 등)

②강제집행신청서(채권압류 및 추심명령신청서, 재산명시신청서, 채무불이행자명부등재신청서 등)

③신분증

위 준비사항을 지참하여 인근 주민센터에 '주민등록표 열람 또는 등·초본 교부 신청서'를 작성/제출하면 채무자의 주민등록표 초본을 발급받을 수 있다. 신청 시 법원제출용으로 채무자의 주민등록번호 뒷자리가 나오게 표시하여 신청한다.

(4) 주소보정명령서를 통해 채무자의 초본 발급받기

소송 중이라면 폐문부재, 이사불명 등으로 법원으로부터 주소보정명령을 송달받게 된다. 이 보정명령서, 신분증을 지참하여 인근 주민센터에서 '주민등록표 열람 또는 등·초본 교부 신청서'를 작성/제출하면채무자의 주민등록표 초본을 발급받을 수 있다.

(5) 사실조회신청을 통해 인적사항 확인하기

채무자의 주민등록번호와 주소를 모두 모른다면 전화번호 또는 계좌번호를 이용하여 사실조회신청을 하는 방법이 있다. 전화번호를 알고 있다면 통신사에, 계좌번호를 알고 있다면 은행을 대상으로 진행한다. '5. 민사서류 ――민사본안소송 ―사실조회신청'을 참고한다.

[별지 제12호서식] 〈개정 2009.9.10〉

이해관계 사실확인서 발급대장

발급번호	의뢰일자	의뢰인		이해관계 내용				결재		
		법인명(성명)	사업자등록번호(주민등록번호)	채무자(매출자)성명	채무자(매출자)주민등록번호	변제기일(매출입일)	채무금액(매출입금액)	담당자	과장	부서장

※ 1. "의뢰인"란에는 개인은 성명과 주민등록번호를 적고, 법인은 법인명과 사업자등록번호를 적습니다.
　2. "결재"란의 부서장이란 금융기관의 경우 사업부서의 장을 말하며, 변호사·법무사·행정사·세무사의 경우에는 변호사·법무사·행정사·세무사를 말합니다.

364㎜×257㎜[보존용지(2종) 70g/㎡]

주민등록법 시행규칙 [별지 제11호서식] 〈개정 2017. 12. 1.〉

채권·채무 관계자의 주민등록표 초본 열람 또는 교부 신청서

※ 위촉의 유의 사항을 읽고 작성하기 바라며, 해당하는 내용 있의 [ ]에 √표를 합니다.　　　　(앞쪽)

신청인 (개인)	성명				주민등록번호	
	주소 (시·도)	(시·군·구)		(서명 또는 인)	연락처	

신청인 (법인)	법인명			사업자등록번호
	대표자		(서명 또는 인)	연락처
	소재지			
	방문자 성명	주민등록번호		전화번호

열람 또는 초본 교부 대상자	성명	주민등록번호
	주소	

신청 내용	※ 개인 청보 보호를 위해 아래와 같은 초본 사항 중 필요한 사항만 선택하여 신청할 수 있습니다.		
	초본 교부 [ ] 통	1. 개인 인적 사항 변경 내용	[ ]포함　[ ]미포함
		2. 과거의 주소 변동 사항	[ ]전체 포함　[ ]최근 5년 포함　[ ]미포함
용도 및 목적		제출처	

※ '이해관계 사실 확인서'는 변호사, 법무사, 행정사 또는 세무사가 위촉 사항을 유의하여 작성합니다.

발급 번호: 〈제　　　호〉

이해관계 사실 확인서

증명 자료	채권자 등 인적 사항	법인명	사업자등록번호
		(대표자)성명	주민등록번호
		주소	
	채무자 등 인적 사항	성명	주민등록번호
		주소	
	이해관계 내용	변제기일	채무 금액
		채무 등 내용	기타

「주민등록법 시행규칙」 제13조에 따른 이해관계 사실을 위와 같이 확인함

년　　월　　일

확인자　　성명 :　　　　　　　　(인)
　　　　　사무소명 :　　　　　　　자격(등록)번호 :
　　　　　소재지 :　　　　　　　　연락처 :

「주민등록법 시행령」 제47조와 제48조에 따라 주민등록표 초본의 열람 또는 교부를 신청합니다.

년　　월　　일

시장·군수·구청장 또는 읍·면·동장 및 출장소장 귀하

■ 주민등록법 시행규칙 [별지 제7호서식] <개정 2018. 3. 20.>

※ 본인인 경우 정부24(www.gov.kr)에서도 신청할 수 있습니다.

주민등록표 열람 또는 등·초본 교부 신청서

※ 뒤쪽의 유의 사항을 읽고 작성하기 바라며, 해당하는 내용 앞의 [ ]에 √표를 합니다.
(앞쪽)

신청인 (개인)	성명	(서명 또는 인)	주민등록번호
	주소 (시·도) (시·군·구)		※ 시·도, 시·군·구까지만 작성 (상세 주소는 작성하지 않아도 됩니다.)
	대상자와의 관계		연락처
	[ ] 수수료 면제 대상에 해당하여 수수료 면제를 신청함		

신청인 (법인)	기관명		사업자등록번호
	대표자	(서명 또는 인)	연락처
	소재지		
	방문자 성명	주민등록번호	연락처

열람 또는 등·초본 교부 대상자	※ 신청인이 본인의 주민등록표를 열람하거나 등·초본 교부를 신청하는 경우에는 작성하지 않습니다.	
	성명	주민등록번호
	주소	

신청 내용	열람	[ ]등본 사항 [ ]초본 사항
	※ 개인 정보 보호를 위해 아래의 등·초본 사항 중 필요한 사항 선택하여 신청할 수 있습니다.	
	등본 교부 [ ]통	1. 과거의 주소 변동 사항 [ ]전체 포함 [ ]최근 5년 포함 [ ]미포함
		2. 세대 구성 사유 [ ]포함 [ ]미포함
		3. 세대 구성 일자 [ ]포함 [ ]미포함
		4. 발생일 / 신고일 [ ]포함 [ ]미포함
		5. 변동 사유 [ ]포함(□세대, □세대원) [ ]미포함
		6. 교부 대상자 외 세대주·세대원·외국인등의 이름 [ ]포함 [ ]미포함
		7. 주민등록번호 뒷자리 [ ]포함(□본인, □세대원) [ ]미포함
		8. 세대원의 세대주와의 관계 [ ]포함 [ ]미포함
		9. 동거인 [ ]포함 [ ]미포함
	초본 교부 [ ]통	1. 개인 인적 사항 변경 내용 [ ]포함 [ ]미포함
		2. 과거의 주소 변동 사항 [ ]전체 포함 [ ]최근 5년 포함 [ ]미포함
		3. 과거의 주소 변동 사항 중 세대주의 성명과 세대주와의 관계 [ ]포함 [ ]미포함
		4. 주민등록번호 뒷자리 [ ]포함 [ ]미포함
		5. 발생일 / 신고일 [ ]포함 [ ]미포함
		6. 변동 사유 [ ]포함 [ ]미포함
		7. 병역 사항 [ ]포함(□기본(입영/전역일자), □전체), [ ]미포함
		8. 국내거소신고번호 / 외국인등록번호 [ ]포함 [ ]미포함

| 용도 및 목적 | |
| 증명 자료 | |

「주민등록법 시행령」 제47조 및 제48조에 따라 주민등록표의 열람 또는 등·초본 교부를 신청합니다.

년 월 일

시장·군수·구청장 또는 읍·면·동장 및 출장소장 귀하

210mm×297mm[백상지 80g/㎡(재활용품)]

담당 공무원 확인사항	신청인이 「주민등록법 시행규칙」 제18조제1항 각 호의 어느 하나에 해당하여 수수료 면제 대상인지 여부

행정정보 공동이용 동의서

본인은 주민등록표의 열람 또는 등·초본의 교부 수수료 면제와 관련하여 담당 공무원이 「전자정부법」 제36조
제1항에 따른 행정정보의 공동이용을 통하여 위의 담당 공무원 확인사항을 확인하는 것에 동의합니다.

* 담당 공무원의 확인에 동의하지 아니하는 경우에는 신청인이 직접 관련 서류를 제출하여야 합니다.

신청인

(서명 또는 인)

유의 사항

1. 주민등록표 열람 또는 등·초본 교부 신청인은 주민등록증 등 신분증명서를 제시하여야 하며, 신청인이 「출입국관리법」
   제31조에 따라 등록한 외국인 또는 「재외동포의 출입국과 법적 지위에 관한 법률」 제6조에 따라 국내거소신고를 한 외국
   국적동포인 경우에는 외국인등록증 또는 국내거소신고증을 제시하여야 합니다. 또한 법인 방문자인 경우에는 방문자의 신분
   증명서와 사원증 또는 재직증명서를 제시하여야 합니다.

2. 본인·세대원이 본인·세대원의 주민등록표 열람 또는 등·초본 교부를 주민등록증 등 신분증명서만을 제시하여 신청하는
   경우에는 "전자 이미지 서명 입력기"에 자필 한글 성명을 서명하여야 열람 또는 교부받을 수 있습니다.

3. 신청인은 "신청 내용"칸의 각 항목에서 "포함", "미포함"을 선택하여 신청할 수 있습니다.

4. 상속 등기 대위 신청을 위하여 채무자의 주민등록초본 교부를 신청하는 경우에는 과거의 주소 변동 사항을 포함하여 열람
   하게 하거나 발급할 수 있습니다.

5. 초본 교부를 신청할 때 "3. 과거의 주소 변동 사항" 중 세대주의 성명과 세대주와의 관계 항목은 대상자가 성년인 경우에는
   본인 또는 본인의 위임을 받은 사람, 대상자가 미성년자인 경우에는 세대주 또는 직계존속, 국가나 지방자치단체가 공무상 필
   요한 경우에만 "포함"을 선택할 수 있고, "7. 병역사항" 항목은 본인이나 세대원(그 위임을 받은 사람 포함), 「주민등록법」
   제29조제2항제5호에 따른 가족, 국가나 지방자치단체가 공무상 필요한 경우에만 "포함"을 선택할 수 있습니다.

6. 본인이나 세대원이 아닌 사람이 교부받는 등·초본에는 작성하신 용도 및 목적이 표시되니 반드시 "용도 및 목적"칸을 작성하여
   야 하며, 등본을 신청하는 경우에는 별도의 증명 자료를 제출하여야 합니다.

7. 「주민등록법」 제37조제5호에 따라 거짓이나 그 밖의 부정한 방법으로 다른 사람의 주민등록표를 열람하거나 등·초본을
   교부받은 경우에는 3년 이하의 징역이나 3천만원 이하의 벌금형을 받게 됩니다.

8. 한 신청자가 하나의 증명 자료를 가지고 같은 목적으로 여러 사람의 주민등록표를 열람하거나 등·초본 교부를 신청하는 경
   우에는 별지 제7호서식과 별지 제8호서식을 함께 사용하여 일괄적으로 신청할 수 있으며, 이 경우 별지 제7호서식과 별지
   제8호서식 사이에는 신청인의 간인(서명 포함)이 있어야 합니다.

9. 신청인이 「출입국관리법」 제31조에 따라 등록한 외국인 또는 「재외동포의 출입국과 법적 지위에 관한 법률」 제6조에
   따라 국내거소신고를 한 외국국적동포인 경우에는 주민등록번호칸에 외국인등록번호 또는 국내거소신고번호를 작성하시기
   바랍니다.

4. 채무자에게 우편물이 송달되지 않을 때

채무자에게 송달되지 않을 때

소장을 접수하면 법원은 이에 대한 내용을 채무자에게 송달한다. 소장에 기재되어 있는 주소지에 송달이 되지 않을 때 이를 송달불능이라 하고, 기타 이사불명, 폐문부재, 수취인부재, 수취인불명 등이 송달불능의 사유로 기재된다. 집배원은 주로 주간에 방문하는데 일반적으로 주간에는 근무, 외출 등의 이유로 집을 비우는 일이 많다. 이렇게 송달이 되지 않으면 법원은 채권자에게 위 이사불명, 폐문부재 등의 송달불능의 취지를 적은 주소보정명령을 내리게 된다. 이러한 경우 채권자는 같은 주소 또는 다른 주소로 특별송달을 신청할 수 있다.

특별송달이란 채무자가 송달불능의 사유로 송달이 이루어지지 않은 경우, 집행관이 직접 야간, 주말 또는 휴일에 채무자의 주소지로 송달하는 것을 말한다. 특별송달의 당사자, 취지, 이유 등을 상세하게 기재하여 신청서를 제출한다. 그러나 특별송달의 방법으로 보냈음에도 채무자가 다른 곳으로 이사를 갔거나 실제로 거주하지 않는 등의 상황이 발생할 수도 있다.

이렇게 끝내 송달이 되지 않는 경우 소송의 종류에 따라 다르지만 우리 법규는 송달이 도저히 불가능한 경우를 대비하여 공시송달신청제도를 두고 있다.

민법 제113조(의사표시의 공시송달): 표의자가 과실없이 상대방을 알지 못하거나 상대방의 소재를 알지 못하는 경우에는 의사표시는 민사소송법공시송달의 규정에 의하여 송달할 수 있다.

공시송달신청제도란 법원게시판에 공시하는 것으로서 채무자가 국내 거주하는 경우에는 2주간, 국외 거주하는 경우에는 2개월간 공시가 된다. 이 기간이 지나게 되면 실제 송달 여부와 상관없이 무조건 송달이 된 것으로 간주한다. 즉 채무자는 소장을 실제로 받아보지도 못한 채, 패소 판결을 받게 된다.

만일 공시송달을 할 수 없는 소송인 경우에는 어떻게든 채무자가 송달받을 수 있는 주소지를 찾아야 한다. 채무자가 직접 수령하지 않더라도, 채무자의 직장이나 실제로 살고 있는 주소지 등을 찾아보아야 한다. 채무자에게 송달이 되지 않는다면 승소할 수도 없다.

이에 따른 자세한 과정은 추후 기술하도록 한다. 다만 채무자의 주소를 모르더라도 소송을 진행할 수 있는 방법이 있다는 사실을 염두에 두도록 한다.

그러나 예외적으로 채무금액이 50만원 이하인 경우에는 주민등록표 초본 발급이 되지 않으므로 이 때는 반드시 채무자의 주민등록번호와 송달받을 주소를 알고 있어야 한다.

5. 전자제출용 등기부등본(등기사항전부증명서) 발급받기

전자제출용 등기부등본 발급받기(등기사항전부증명서)

부동산 관련 소송(부동산가압류 등)이나 부동산강제경매신청 등을 진행하는 경우 부동산의 목록을 별지목록으로 제출하거나 등기부등본을 첨부해야 한다. 이때 세부 내역을 일일이 작성해야 하는데 등기부등본을 전자제출용으로 발급받으면 이러한 번거로움 없애고 매우 편리하게 진행할 수 있다. 인터넷등기소에서 등기부등본을 전자제출용으로 발급받기 위해서는 전자소송 사이트에 가입이 되어있어야 한다.

먼저 인터넷등기소 홈페이지 http://www.iros.go.kr 에 로그인하여 '부동산등기 발급하기'를 클릭한다.

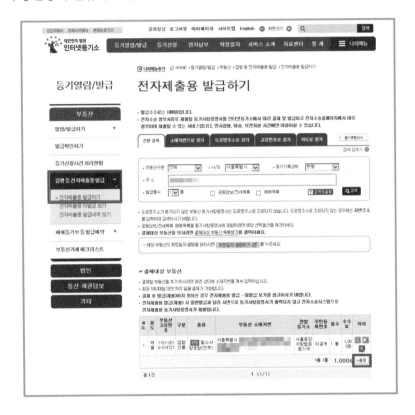

❶ 왼쪽 사이드바에서 '집행 등 전자제출용 발급' – '전자제출용 발급하기'를 클릭하여 발급받을 주소를 검색한다. 아래쪽 결제대상 부동산의 주소지가 맞는지 확인 후 '결제'를 클릭한다.

❷ 결제방법은 신용카드결제, 금융기관 계좌이체, 선불전자지급수단, 휴대폰결제의 4가지 방법이 있다. 본인에게 가장 편한 방법으로 결제를 완료한다.

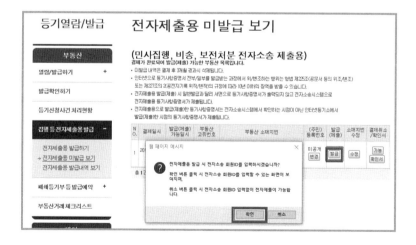

❸ 결제를 완료하면 다음과 같은 화면이 나오는데 '발급'을 클릭하여 전자소송 회원ID입력 '확인'버튼을 클릭한다.

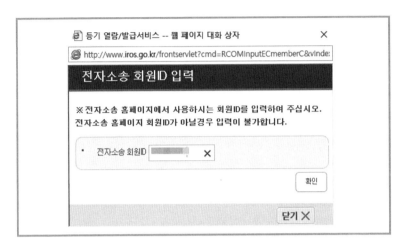

❹ 전자소송 홈페이지에서 사용하는 회원ID를 입력하고 '확인'을 클릭한다.

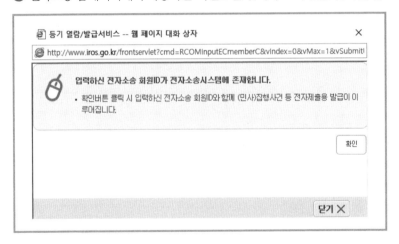

❺ '입력하신 전자소송 회원ID가 전자소송시스템에 존재합니다.'라는 문구가 뜨면 올바르게 입력된 것이다. '확인'을 클릭하여 완료한다.

6. 전자 소송할 때 꼭 알고 있어야 할 기본적인 사항들

필독-기본적인 사항

＊전자소송 홈페이지를 통하여 서류를 작성할 때 공통적인 사항들은 이곳에 따로 정리해 두고 서류작성 과정에서 생략하였다. 생략한 부분은 이 기본적인 사항을 정리해 둔 페이지에서 찾아 작성하도록 한다.

(1) 사건확인

서류를 제출할 소송유형, 제출법원, 사건번호를 입력한다.

(2) 전자소송 동의

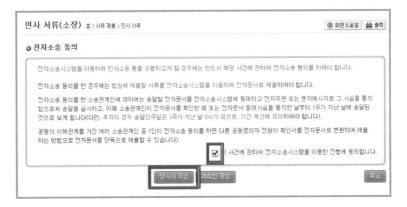

53

전자소송시스템을 통하여 소송을 진행하고자 할 때는 전자소송 동의를 하여야 한다. 우리는 대리인을 통하지 않고 직접 작성하는 것이 목적이므로 '이 사건에 관하여 전자소송시스템을 이용한 진행에 동의합니다.' 체크박스에 체크 후 '당사자 작성'을 클릭하여 진행한다.

(3) 당사자목록

❶ 당사자목록 : 우측의 '당사자입력'을 클릭하면 아래에 '당사자 기본정보' 입력란이 나온다.

❷ 당사자 기본정보

＊당사자 구분 : 당사자는 원고(채권자), 피고(채무자), 제3채무자, 신청인, 피신청인 등으로 구분하여 나타난다. 원고(채권자)는 '내 정보 가져오기' 버튼을 클릭하면 내 정보가 자동입력 되므로 주민등록번호, 주소, 송달장소 등이 정확히 맞는지 확인 후 저장한다.

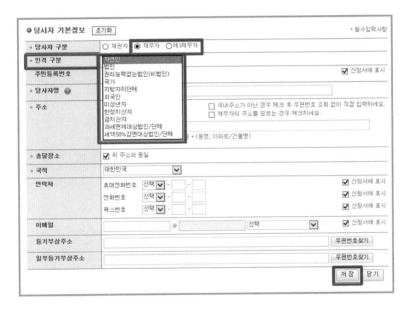

피고(채무자), 제3채무자의 정보를 입력하려는 경우 선택한다. 수인의 피고(채무자) 또는 제3채무자를 입력하려는 경우 한 번에 한명의 정보만 입력, 저장할 수 있다.

＊인격 구분 : 자연인, 법인, 국가, 지자체 등으로 구분하여 지정할 수 있다. 재단이나 사단, 법인 등이 아닌 개인을 가리키는 경우 '자연인'을

선택하면 된다.

＊당사자명 : 당사자의 이름을 입력한다. 당사자를 확정할 수 있다면 상호 또는 아호도 가능하다.

＊주소 : 당사자의 주소를 입력한다.

＊송달장소 : 우편물의 송달지가 위에 입력한 주소와 동일한 경우에는 체크박스에 체크하고, 송달지가 다른 경우에는 체크박스를 해지하고 송달지 주소를 입력한다. – 저장.

(4) 송달료 납부

다음과 같이 송달료납부 목록을 작성해야 하는 경우에는 전자소송사이트 내에서 해결할 수 없고 은행에 직접 다녀와야 한다. 정확한 송달료 액수는 재판부에 문의한다. 신한은행에 방문하여 순서를 기다리지 말고 '송달료 납부서'를 한 장 달라고 하여 작성/제출한다. 법원 근처의 은행이 아니면 따로 비치되어 있지 않는 경우가 많다. 은행에서 다음과 같이 송달료를 예납하고 영수증을 받는다.

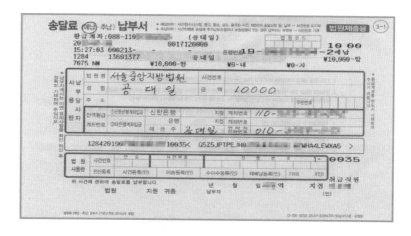

❶ 송달료납부 기본정보 : 송달료납부서의 내용을 참고하여 '은행번호, 납부자명, 납부자주소'를 입력, 추가한다.

(5) 입증서류(소명서류)제출

증명의 종류에는 '입증'과 '소명' 두 가지가 있다. 두 단어는 개념상의 차이가 있으나, 소명이 입증에 비하여 비교적 심증의 정도가 낮다. 보통 보전처분(가압류, 가처분 등)의 경우처럼 신속한 처리를 필요로 할 때는 소명서류를 제출하고, 당사자의 주장에 대한 증거를 제출할 때는 입증서류를 제출한다. 신청서에 따라 자동으로 제출 양식이 제공되므로 신청인이 구분할 필요는 없다.

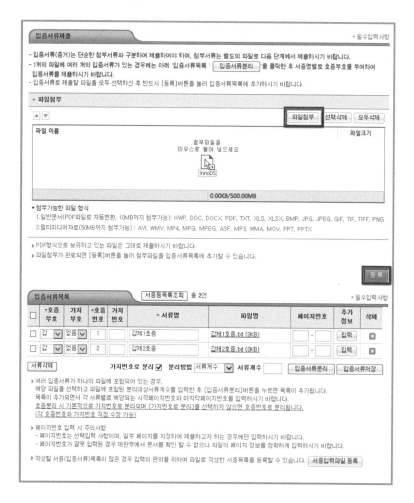

❶ 입증서류(소명서류)제출

'파일첨부'를 클릭하여 입증서류(소명서류)를 첨부하여 등록한다. 이때 파일을 첨부할 때는 단순한 첨부파일과는 구분하여 등록하여야 하며, 첨부서류는 다음 단계에서 제출하도록 한다.

❷ 입증서류(소명서류)목록 :

단계에서 '등록'을 클릭하면 다음과 같이 입증서류(소명서류)목록에 추가된다. 1개의 파일에 여러 개의 입증서류가 있는 경우에는 '입증서류분리'를 클릭하여 서증명별로 호증부호를 부여하여 입증서류를 제출한다.

(6) 첨부서류

입증서류(소명서류)를 제외한 나머지 첨부서류는 이곳에 첨부하여 제출한다. 제출서류마다 필요한 첨부서류가 모두 다르며 첨부서류가 필요하지 않은 경우도 있다. 필요 첨부서류를 미리 준비하되 잘 모르는 경우에는 관할 법원에 문의해 보는 것이 좋다.

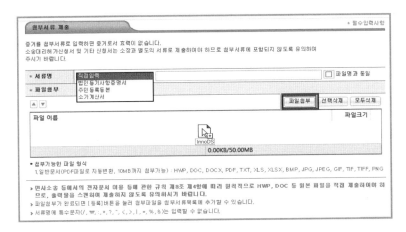

❶ 첨부서류 제출 : 서류명은 제출하는 첨부서류의 이름을 '직접입력'을 선택하여 작성한다. 제출하려는 서류명이 파일명과 동일하다면 우측의 '파일명과 동일' 체크박스를 선택할 수 있다.

❷ 파일첨부 : '파일첨부' 버튼을 클릭하여 첨부하려는 파일을 선택한 뒤 '등록'을 클릭하면 첨부서류목록에 추가되고 우측에서 필요 없는 첨부서류를 삭제할 수도 있고 위아래 순서를 변경할 수도 있다. 첨부과정이 완료되면 다음과정으로 진행한다.

(7) 소송비용납부

소송비용납부 가능시간은 평일(월~금) 오전 9시부터 오후 8시, 휴일 및 법정공휴일은 오전 9시부터 오후 6시까지로 정해져 있다.

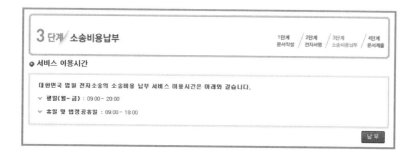

3 단계 / 소송비용납부

1단계 문서작성 / 2단계 전자서명 / 3단계 소송비용납부 / 4단계 문서제출

● 소송비용

인 지 액	6,400원 (육천사백 원)	인지액 산정기준
송 달 료	56,400원 (오만육천사백 원)	송달료 산정기준

01. 납부방식

⦿ 가상계좌   ○ 계좌이체   ○ 신용카드   ○ 휴대폰소액결제

> ▸ 소송비용을 납부하지 않은 경우 보정절차의 진행으로 소송이 지연될 수 있으며, 경우에 따라 소장 등 신청이 각하될 수 있습니다.
> ▸ 계좌이체 신용카드 납부시 전자결제수수료(소송비용 × 2.43%, 최저수수료 200원)가 부과됩니다.
> ▸ 휴대폰소액결제 납부 시 전자결제수수료(소송비용 × 7%, 최저수수료 200원)가 부과됩니다.
> ▸ **가상계좌 납부방식인 경우** 발급된 가상계좌로 소송비용을 납부하여야만 제출이 완료되고, 사건번호가 부여됩니다.
> 소송비용을 납부하지 않을 경우 사건이 접수되지 않으며, 제출대기목록(홈>나의전자소송>작성중서류)에서 조회가 가능합니다.
> 비용을 납부한 후 반드시 제출내역을 확인하여 주십시오.

02. 납부정보

☑ 인지액 납부

• 금액	6,400 원 (육천사백 원)	
• 납부당사자	공대일 납부당사자선택	
납부인 • 성명	공대일 납부인선택	
• 주민(사업자)등록번호	- *******	
주소	서울	
환급계좌	신한은행(구 조흥) ▽ 계좌번호 110	예금주 공대일 계좌확인

> ▸ 환급(반환)사유가 발생하면 청구가 없더라도 환급계좌로 환급하오니, 납부당사자와 환급계좌 명의인이 일치하도록 기재하시기 바랍니다.
> ▸ 납부당사자는 비용을 납부하여야 하는 당사자이며, 납부당사자와 비용 납부인이 다른 경우(대리인이 납부하는 경우) 납부인선택 버튼을 눌러 납부인을 입력하시기 바랍니다.
> ▸ 정액 인지비용은 금액을 수정할 수 없습니다.

☑ 송달료 납부 ☑ 인지환급계좌와 동일함

• 금액	56,400 원 (오만육천사백 원)	
납 부 당사자 • 성명	공대일 납부당사자선택	
• 주소	서울	
환급계좌	신한은행(구 조흥) ▽ 계좌번호 110	예금주 공대일 계좌확인

03. 결제정보

납부방식	가상계좌
• 가상계좌 납부은행	신한은행 ▽
가상계좌 번호	납부버튼을 누르고 소송서류제출을 완료하면 접수 결과화면에서 확인 가능합니다.

> ▸ 가상계좌 납부는 전자결제 수수료가 부과되지 않습니다.

(인지액) **6,400원** + (송달료) **56,400원** = **(총 납부금액)** 62,800원

❶ 납부방식 : 가상계좌, 계좌이체, 신용카드, 휴대폰소액결제의 방법 중 선택할 수 있다.

가상계좌의 경우에는 전자결제 수수료가 따로 들지 않으나 계좌이체 또는 신용카드로 납부하는 경우에는 소송비용 x 2.43%, 최저수수료 200원이, 휴대폰 소액결제의 경우 소송비용 x 7%, 최저수수료 200원이 전자결제 수수료로 부과된다.

❷ 납부정보

＊인지액, 송달료 납부 : 금액은 자동입력 되므로, 납부당사자와 납부인을 선택하고 환급계좌를 입력한다. 환급(반환)사유가 발생하면 청구가 없더라도 환급계좌로 환급하니, 납부당사자와 환급계좌 명의인이 일치하도록 기재한다.

❸ 결제정보 및 수수료

해당하는 납부방식에 따라 은행 또는 카드번호 등의 정보를 입력하고 납부한다.

(8) 접수증명신청서

접수증명원이란 소송서류를 접수한 사실을 증명해주는 문서이다. 해당 소송에 대한 접수사실에 입증이 되기 때문에 필요한 경우 제출 전에 발급받는다. 타 소송의 소명서류 등에 이용될 수 있다. 법원에서 신청하면 인지대 500원이 붙지만 전자소송으로 발급받는 경우에는 무료이다.

＊마지막 제출단계에서 '접수증명신청 생성' 버튼을 누르면 위와 같이

접수증명원 신청 통수를 입력할 수 있다.

● 제출서류

번호	구분	서류명	파일명	파일크기
1	소송문서	소장	소장(대여금 청구의 소).pdf	78.8KB
2	증거서류	갑제1호증 (갑 제1호증)	갑제1호증.pdf	62.4KB
3	증거서류	갑제2호증 (갑 제2호증)	갑제2호증.pdf	61.8KB
4	첨부서류	주민등록표 초본	주민등록표 초본.pdf	84.3KB
5	첨부서류	송달료납부서	송달료납부서.pdf	84.3KB
6	첨부서류	송달증명원	송달증명원.pdf	127.8KB
7	첨부서류	집행력 있는 지급명령 정본	집행력있는지급명령정본.pdf	87.4KB
8	접수증명(pdf)	접수증명 신청서	접수증명신청서.pdf	65.8KB

접수증명원 신청 [1] 통 [접수증명신청서 삭제]

▶ 귀하께서 사건분류를 위한 질문지를 성실하게 기재하여 주시면, 귀하의 사건이 더 신속하고 효율적으로 진행될 수 있습니다.

☑ 사건분류 질문지를 작성합니다.   [사건분류질문지] [이전] [제출]

내용증명의 작성

채권추심에 있어서 내용증명 발송은 반드시 진행해야 하는 사항은 아니다. 내용증명 발송 자체로 채권이 회수된다거나 채무자의 재산 등을 강제할 수 있는 부분은 없다. 다만 추심을 위한 하나의 전략으로 활용할 수 있다. 채무자의 성향에 따라 채권자가 보낸 내용증명을 보고 압박을 느껴 돈을 갚을 수도 있겠지만, 오히려 채무자를 자극시켜 채권회수를 어렵게 만들기도 한다.

또한 차용증 등 돈을 빌려준 증거가 전혀 없는 경우 채무자가 내용증명의 답변을 하는 과정에서 채무를 인정하는 내용을 기재한다면 이를 증거로 활용할 수도 있다. 채권자가 채무의 지급기한을 연장해주었다는 등 황당한 주장을 미연에 방지할 수 있는 효과도 있는 것이다. 그렇다면 내용증명은 어떻게 써서 발송해야 할까?

내용증명의 양식은 따로 없으며, 보내는 사람이 받는 사람에게 하고 싶은 말을 자유롭게 작성하여 우체국을 통해 발송한다. 채권자, 채무자, 우체국이 각 1통씩 보관하기 때문에 같은 내용의 내용증명서 3부를 준비해야 한다.

작성 요령은 채권자와 채무자를 특정할 수 있는 인적사항을 기재하고, 채권의 금액, 변제일자, 이율, 채무자가 변제일자를 어긴 사실, 그

변제를 촉구하는 내용 등이 들어가면 된다.

이 때 상대방에게 효율적으로 심리적 압박을 가하기 위하여 관련 법률규정, 채무불이행시의 민, 형사상 소송 예정 사실과, 소송이 진행되는 경우에 받게 되는 불이익, 처벌될 수 있는 범위 등의 내용을 전략적으로 활용하여야 할 것이다.

내용증명 작성 예시는 다음과 같다.

내 용 증 명

청구인(채권자) ○ ○ ○
          주 소

피청구인(채무자) ○ ○ ○
          주 소

대여금 반환 청구

1. 귀하의 무궁한 발전을 기원합니다.

2. 귀하는 20○○. ○. ○. ○○:○○경 본인에게 "금 ○○○원을 대여해주면, 이자는 연 20%로 20○○. ○. ○.까지변제하겠다"고 하여 당일 본인은 귀하에게 위 금원을 대여해준 사실이 있습니다.

3. 본인은 변제기한인 20○○. ○. ○. 도과 후 귀하에게 수차례에 걸쳐 대여금의 반환을 요구하였으나 귀하는 현재까지 이런저런 이유로 대여금의 반환을 하지 아니하고 있어 막대한 경제적 어려움에 처해있습니다.

4. 이에 귀하에게 대여 원리금 금 ○○○원을 20○○. ○. ○.까지 반환하여 줄 것을 통지하며, 만약 귀하께서 이행치 아니할시 본인은 귀하에게 할 수 있는 모든 법적 절차를 진행할 예정임을 알립니다.

20○○. ○. ○.
위 청구인 ○○○

---

04 신속한 독촉절차! 지급명령으로 해결하자

1. 집행권원을 얻기 위한 지급명령, 절차와 주의할 점

지급명령신청제도

지급명령제도는 앞서 간략하게 정리한 바와 같이 확정판결 즉 집행권원을 얻는 데 그 목적이 있다. 2주 정도의 시간이 소요되며, 통상의 소송절차보다 훨씬 더 신속하고 적은 소송비용으로 민사분쟁을 해결할 수 있다. 일종의 독촉절차라고 보면 되며, 일반 소송에 비해 대략 1/10 수준의 수수료와 당사자 1인당 4회분의 송달료만 납부하면 된다.

지급명령제도는 채무자가 채무금을 지급하지 않는 경우 채권자의 신청만으로 이루어진다. 당사자가 법원에 따로 출석할 필요가 없기 때문에 시간과 비용에서 많은 부분이 절약된다.

지급명령 신청 후 확정이 되면 확정판결, 조정결정과 동일한 집행력이 생기기 때문에 확정된 지급명령에 기해서 채무자의 재산에 압류 등의 강제집행을 할 수 있다. 지급명령이 확정된 때에는 원칙적으로 따로 집행문을 부여받지 않아도 강제집행할 수 있도록 강제집행법상의 특례를 규정하고 있다.

그러나 지급명령과 확정판결 조정이 완전히 같지는 않다. 지급명령으로 확정된 채권은 10년의 소멸시효를 갖게 된다. 지급명령의 경우 기판력이 없기 때문에 채무자가 채권소멸을 이유로 청구이의 소송을 제기할 수도 있다. 이렇게 정식 소송절차로 진행되는 경우에는 다시 처음부터 진행되기 때문에 지급명령제도는 채권채무관계가 확실한 경우에 사용하는 것이 안전하다.

즉 채권자가 채무자에 대한 차용증이나 지불각서, 은행계좌 이체명세서 등의 금전을 대여한 증거가 확실하여, 채무자가 이를 부정할 수 없이 이의신청을 하지 않을 것으로 예상하는 경우 이 지급명령신청제도를 활용한다.

그러나 지급명령제도에도 단점은 있다. 지급명령 결정문이 채무자에게 송달이 되지 않을 경우 채권자는 판결문을 받을 수 없다. 송달이 되지 않을 경우 주소보정을 통해 재송달, 특별송달을 시도해본다. 이 지급명령신청은 공시송달의 방법을 진행할 수 없기 때문에 채무자에게 송달이 되지 않는다면 지급명령신청이 아닌 소송을 제기하는 방법으로 공시송달 제도를 이용해야 한다.

지급명령의 절차를 순서대로 정리해보았다.

① 채권자가 지급명령 신청서를 제출한다.

② 법원에서 당사자의 출석 없이 서면만으로 심리한다.

③ 법원은 채권자의 신청이 정당하다고 판단되면 지급명령결정 하여 채무자에게 지급명령을 송달한다.

④ 채무자는 지급명령을 송달받고 2주 이내에 이의신청 여부를 결정한다.

---

*송달이 되지 않을 경우 채권자는 주소보정을 통해 재송달, 특별송달을 시도해본다. 그래도 결국 송달이 되지 않을 경우 소제기를 통해 본안소송절차로 진행해야 한다.

여기서는 지급명령 신청 시 주의할 점을 적어본다.

① 인적사항의 일치: 채무자의 인적사항이 정확해야 한다. 채무자의 이름이나 주소가 부정확한 경우 부정확한 상태에서 확정되어버리는 경우가 있는데 이렇게 되면 추후에 동일성을 증명할 수 없어 집행을 할 수 없는 상황이 발생한다. 그렇게 되면 처음부터 다시 소송을 해야 한다. 법인인 경우 사업자등록번호 또는 법인번호, 개인사업자 또는 개인인 경우에는 채무자 성명, 주민번호, 주소 등이 일치해야 한다.

② 채무자의 이의신청: 앞서 여러 차례 언급했지만 채무자의 이의신청 여부는 중요하다. 채무자가 지급명령결정문 부본을 수령 후 2주 이내에 이의신청을 하는 경우 일반 소송으로 변경되며 송달료와 인지대 등을 추가로 납부해야 한다. 처음부터 다시 소송을 진행해야 하는 경우도 상당하니 상대방의 반박 여부를 예상하여 잘 따져보고 신청해야 한다.

③ 기판력: 지급명령은 확정판결과 같은 효력이 있다.(민사소송법 제474조) 그러나 기판력은 없다. 쉽게 이야기하면 일반 소송에서는 확정된 판결에 대해서는 다른 문제가 생기더라도 이미 확정된 판결에 모순되는 판단을 하지 못하는데 지급명령의 경우에는 그러하지 않다는 것이다. 판결이 확정되더라도 이후 일정한 요건이 되지 않는다면 각하의 가능성도 가지고 있는 것이다.

＊채무자가 이의신청한 경우에는 민사소송으로 진행된다.
＊채무자가 이의신청하지 않은 경우에는 지급명령이 확정되어 채권자는 집행권원을 확보하게 되고 이를 토대로 강제집행할 수 있다.

2. 지급명령신청

전자소송을 통한 지급명령신청방법은 다음과 같다.

❶ 서류제출 – 민사서류 – 지급명령(독촉)신청 – 지급명령신청 관련
　　– 지급명령신청서

❷ 사건기본정보

＊사건명 : 본인에게 해당하는 사건명을 선택. 보통 빌려준 돈을 되받기 위한 소송은 '대여금'을 선택하면 된다.

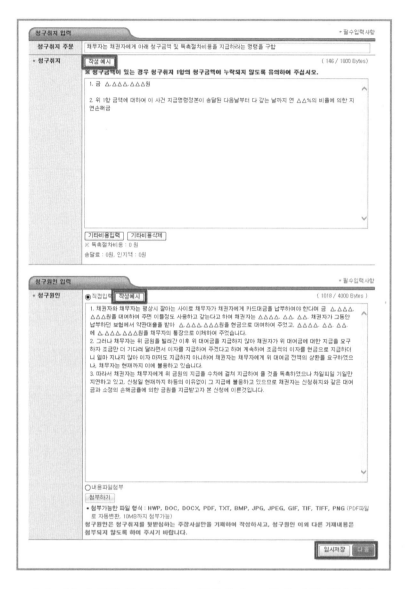

＊소가 : '소가 산정 안내' 클릭 – 통상의 소 – 금전 지급 청구의 소 –
청구금액 입력 후 계산 – 소가 적용

❸ 제출법원 : 채권자나 채무자 주소의 관할 법원 중 어느 곳에나 신
청해도 된다.

관할법원을 잘 모르는 경우에는 관할법원 찾기를 통해 법원을 찾아
선택한다. —선택 후 저장

관할권이 없는 법원을 선택할 경우 사건이 기각될 수 있으니 선택에 신중해야 하며 채권자의 주소지 관할 법원으로 지정하는 것이 일반적이다.

만일 채무자가 여러 명인데 주소지 관할법원이 다른 경우 채무자 주소지가 통일되지 않으므로 채권자의 주소지 관할법원으로 지정하여 신청한다.

❹ 청구취지입력

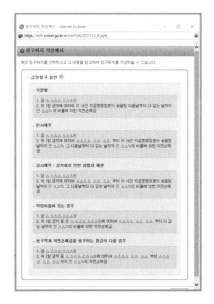

＊청구취지 : 청구취지 작성은 작성예시를 참조하여 작성한다.

청구취지와 청구원인은 판사가 알아보기 쉽도록 핵심적인 내용들로 구성하도록 한다. 글자 입력은 4000byte를 넘을 수 없으니 너무 복잡하고 어렵게 쓰지 않도록 주의한다.

독촉절차비용 외 다른 기타비용이 있는 경우 기타비용입력 클릭 후 내용을 작성한다.

❺ 청구원인입력

*청구원인 : 청구원인은 작성예시를 참조하여 시간 순서대로 내용을 구체적, 간략하게 작성한다. - 임시저장 - 다음

❻ 첨부서류 제출

준비해둔 첨부자료를 첨부한다. 서류명을 입력하고 해당 파일을 첨부한다. 첨부 시 파일의 용량은 파일당 10MB 이내로 제한되기 때문에 용량이 허용범위를 초과하는 경우 내용을 압축하는 등 용량을 10MB 이내로 줄여서 첨부해야 한다.

첨부 후 등록 클릭. 등록 완료 후 임시저장 – 작성완료 이하 생략.

3. 지급명령 청구취지 관련하여

지급명령 청구취지 관련

– 청구취지 및 청구원인 변경신청서

소장에 기재된 청구취지 및 청구원인을 변경할 때 작성/제출한다. 기존에 제출한 소명자료가 있는 경우 다시 제출할 필요 없이 신청서 1부만 작성하여 접수하면 된다.

❶ 서류제출 – 민사서류 – 지급명령(독촉)신청 – 지급명령 청구취지
관련 – 청구취지 및 청구원인 변경신청서

신청취지 작성 예

위 사건에 관하여 채권자는 다음과 같이 청구취지 및 청구원인 변경을
신청합니다.

❷ 소송서류 입력

＊청구금액 입력

＊소가증액 : 청구취지의 소가가 증액된 경우 박스에 체크하고 기존
소가와 변경소가 입력 후 '추가납부인지액 계산'을 클릭하면 추가납부인
지액이 자동입력된다.

＊변경된 청구취지와 청구원인은 앞서 '지급명령신청'의 작성예시를
참조하여 작성한다. 임시저장 – 다음 이하 생략.

– 청구취지 변경신청서

소장에 기재된 청구취지 만을 변경할 때 사용한다.

❶ 서류제출 – 민사서류 – 지급명령(독촉)신청 – 지급명령 청구취지 관련 – 청구취지 변경신청서

❷ 청구취지 및 청구원인 변경신청서의 작성방법과 매우 흡사하므로 참고하여 작성한다.

- 청구원인 변경신청서

소장에 기재된 청구원인 만을 변경할 때 사용한다.

❶ 서류제출 - 민사서류 - 지급명령(독촉)신청 - 지급명령 청구취지
관련 - 청구원인 변경신청서

❷ 청구취지 및 청구원인 변경신청서의 작성방법과 매우 흡사하므로
참고하여 작성한다.

4. 지급명령 보정서/송달 관련하여

지급명령 보정서/송달 관련

- 송달장소 및 송달영수인 신고서

❶ 서류제출 – 민사서류 – 지급명령(독촉)신청 – 지급명령 보정서/
송달 관련 – 송달장소 및 송달영수인 신고서

＊재산명시/감치 – 재산명시/감치 관련문건 – 송달장소 및 송달영수
인 신고서를 참조하여 작성한다.

- 송달장소 변경신고서

법원으로부터 우편물 등을 송달받을 때 송달 주소지가 변경된 경우,
송달장소의 변경을 신청할 때 제출한다. 변경신청을 하지 않으면 법원으
로부터 우편물을 제대로 송달받을 수 없으므로 주소가 변경 되는대로 바
로 신청한다. 주민등록주소지와 관계없이 본인이 받을 수 있는 주소지로
변경하여 신청하여도 무방하다.

❶ 서류제출 – 민사서류 – 지급명령(독촉)신청 – 지급명령 보정서/
송달 관련 –송달장소 변경신고서

❷ 송달장소 변경 정보

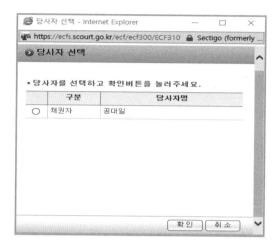

당사자 구분 : 채권자 혹은 채무자, 송달장소를 변경할 당사자를 선택한다. 채권자 혹은 채무자가 다수인 경우 일부를 선택한다. 선택하면 정정 전 송달장소의 주소가 자동으로 입력된다.

정정 후 송달장소에서 우편번호찾기 – 도로명검색 또는 지번검색을 통하여 주소를 입력한다. – 저장

저장버튼을 클릭하면 송달장소변경 목록에 표시가 된다.

신청취지 작성 예 : 위 사건에 관하여 채권자는 아래와 같이 송달장소를 변경하고자 합니다. – 임시저장 – 다음 이하 생략.

– 주소보정서(제소신청, 공시송달신청)

지급명령은 공시송달이 불가능하다. 따라서 지급명령 신청 후 송달불능(폐문부재, 이사불명 등)으로 채무자에게 지급명령정본을 송달할 수

없는 경우 또는 채무자의 주소가 외국에 있을 경우에는 통상의 소송으로 진행하여 공시송달을 신청해서 소송을 계속 진행할 수 있다.

법원으로부터 주소보정명령을 받고 제소신청 할 경우에 본 신청서를 작성/제출한다.

❶ 서류제출 – 민사서류 – 지급명령(독촉)신청 – 지급명령 보정서/ 송달 관련 –주소보정서(제소신청, 공시송달신청)

❷ 주소보정명령 목록 체크

```
소송서류정보 입력
주민등록표상 직권거주불명등록이전으로 표시된 경우는 그 직전 주소를 입력하시기 바랍니다.

서류명            주소보정서(제소신청, 공시송달신청)
주소변동여부       ○ 주소변동 없음    기존 송달 주소와 동일함
                                    [    우편번호찾기    ]

                 ○ 주소변동 있음    ※ 상세주소 표기 방법 : 동·호수 등 · (동명, 아파트/건물명)
                 (주소변동 여부 알 수  □ 주민정보요청동의(일반송달,특별송달)
                 없는 경우 포함)      [      ] - [      ]   [ 실명확인 ]
                                    (행정안전부 주민정보망에 주소 조회가 요청됩니다.)

송달신청          □ 특별송달신청     □통합송달  □주간송달  □야간송달  □휴일송달
                                    추가납부송달료 : [      ] 원
                                    □ 기존 송달 주소와 동일한 주소로 다시 송달
                                    □ 새로운 주소로 송달
                 □ 재일반송달       기존 송달 주소와 동일한 주소로 다시 송달
                 □ 공시송달신청     소송촉진 등에 관한 특례법 제20조의2에 규정된 금융권 채권자로서
                                    채무자의 주소를 알 수 없으므로 공시송달을 신청함
                                    □ 주민정보요청동의
                                    [      ] - [      ]   [ 실명확인 ]
                                    (행정안전부 주민정보망에 주소 조회가 요청됩니다.)
                 □ 새주소일반송달   새주소 송달을 신청함
                 ☑ 소제기신청       추가납부인지액 : 75,000 원   추가납부송달료 : 45,000 원

정기적인 배편이 없는 일부 도서지역의 경우, 사선(私船)을 이용해야하여 송달료를 미리 확정할 수 없어 송달료 금액이 0원으로 표시됩니다. 금액이 확정된 후 송달료 추납요청이 있을 수 있으니 참고하시기 바랍니다.
```

❸ 소송서류정보 입력

＊주소변동여부 : 주소변동여부를 체크한다. 주소변동이 있는 경우 '우편번호찾기'를 통하여 주소를 입력한다.

＊송달신청 : 하고자 하는 송달의 종류를 체크한다. 체크박스에 체크

하면 추가납부인지액과 추가납부송달료 금액은 자동으로 입력된다. −
임시저장 − 다음 이후 생략.

− 보정서(임의보정)

임의보정 보정서는 법원의 보정명령 없이 신청인이 임의로 보정할 사
항이 있는 경우 작성하여 제출한다.

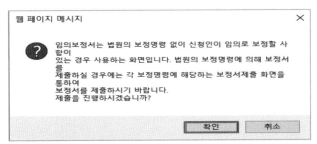

❶ 서류제출 – 민사서류 – 지급명령(독촉)신청 – 지급명령 보정서/송달 관련 – 보정서(임의보정)

❷ 보정내역 입력

보정사유를 2,000자 이내로 입력한다. – 임시저장 – 다음 이하 생략.

– 보정서(보정명령에 의한 보정)

❶ 서류제출 – 민사서류 – 지급명령(독촉)신청 – 지급명령 보정서/송달 관련 – 보정서(보정명령에 의한 보정)

＊민사집행서류 – 재산조회/채무불이행자명부 – 재산조회/채무불이행자명부 관련문건 – 보정서를 참조하여 작성한다.

❶ 서류제출 – 민사서류 – 지급명령(독촉)신청 – 지급명령 보정서/송달 관련 – 보정서(보정명령에 의한 보정)

– 인지액·송달료 보정서

인지액·송달료 보정명령을 받은 경우 보정명령 목록에서 해당 항목을 선택하여 인지액·송달료를 보정한다. 진행과정은 '이의신청에 따른 인지액·송달료 보정서'를 참조하여 작성한다. 일정기간(일반적으로 7일) 이내에 보정하지 않으면 지급명령 신청사건이 각하될 수 있으므로 유념하여 기한 내에 보정하도록 한다.

❶ 서류제출 – 민사서류 – 지급명령(독촉)신청 – 지급명령 보정서/송달 관련 – 인지액·송달료 보정서

- 이의신청에 따른 인지액·송달료 보정서

지급명령신청을 하였으나 채무자가 이의신청을 하는 경우 지급명령
신청은 민사본안소송에 따른 절차가 진행된다. 이때 인지대와 송달료를
추가로 납부해야 하는 경우가 발생한다. 채권자가 부담하며, 추후 채권
자가 승소판결을 받게 되면 소요되는 소송비용은 채무자에게 청구할 수
있다.

❶ 서류제출 - 민사서류 - 지급명령(독촉)신청 - 지급명령 보정서/
송달 관련 - 이의신청에 따른 인지액·송달료 보정서

❷ 보정명령 목록에서 송달물명을 확인, 선택한다. - 임시저장 - 다
음 이하 전자서명 후 소송비용을 납부한 뒤 제출한다.

- 소송절차회부결정에 따른 인지액·송달료 보정서

지급명령을 공시송달에 의하지 아니하고는 송달할 수 없거나 외국으로 송달하여야 할 때에는 법원은 직권에 의한 결정으로 사건을 소송절차에 부칠 수 있다.(민사소송법 제466조 2항)

이 제도는 2002년 민사소송법 개정으로 신설된 것인데, 지급명령이 채무자에게 송달되지 아니하는 경우 지급명령신청을 각하하여 기왕에 행하여진 독촉절차를 무용의 것으로 돌리지 아니할 수 있도록 한 것이다. 법원의 소송절차회부결정이 있으면 지급명령을 신청한 때에 소가 제기된 것으로 보므로(민사소송법 제472조 1항) 바로 소송절차로 옮겨진다. 위 결정에 대하여는 불복할 수 없다(민사소송법 제466조 3항).

채권자의 지급명령 정본이 채무자에게 끝내 도달하지 않을 경우 지급명령신청은 민사본안소송에 따른 절차가 진행되고, 법원은 채권자에게 소송절차회부결정등본을 발송한다. 채권자는 이에 따른 인지액과 송달료를 추가 납부한다. 절차는 이의신청에 따른 인지액·송달료 보정서 제출 양식과 대동소이하니 참고하여 제출한다.

❶ 서류제출 – 민사서류 – 지급명령(독촉)신청 – 지급명령 보정서/송달 관련 – 소송절차회부결정에 따른 인지액·송달료 보정서

- 송달료 예납처리 신청서

송달료를 잘못 납부하여 환급을 신청하는 경우, 예납하여야 할 송달료를 추납하였거나, 인지대를 송달료로 추납하는 등 송달료를 과오납 한 경우에 송달료 예납처리 신청서를 통하여 환급받을 수 있다.

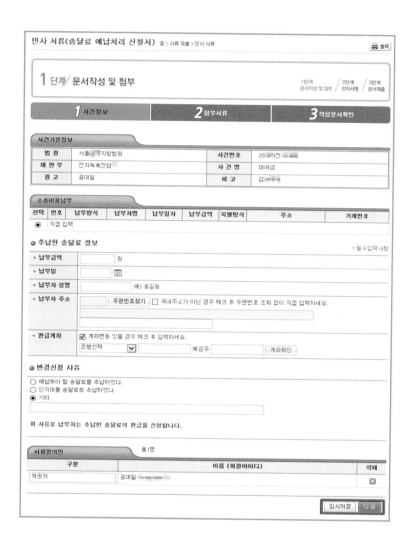

❶ 서류제출 – 민사서류 – 지급명령(독촉)신청 – 지급명령 보정서/
송달 관련 – 송달료 예납처리 신청서

❷ 소송비용납부

＊ 이미 납부된 내역이 있으면 선택하고 없으면 '직접 입력'을 선택.

❸ 추납한 송달료 정보 작성 – 임시저장 – 다음 이하 생략.

5. 지급명령 당사자 관련하여

지급명령 당사자 관련

– 당사자표시 정정신청서

당사자의 표시에 오류가 있는 경우, 이를 정정하고자 할 때 본 신청서를 작성하여 제출한다. 당사자로 표시된 자의 동일성이 인정되는 범위 안에서 그 표시만을 변경하는 경우에 한하여 허용된다. 때문에 당사자가 다른 사람으로 변경되는 경우나 회사 대표자에서 회사 명의로 변경하는 등의 경우에는 허용되지 않는다.

❶ 서류제출 – 민사서류 – 지급명령(독촉)신청 – 지급명령 당사자 관련 – 당사자표시 정정신청서

❷ 신청자 기본정보

정정자 구분에서 표시를 정정할 채권자 또는 채무자를 선택한다. '당사자선택'을 클릭하여 정정 전 당사자를 선택한다. 정정 후 당사자의 명칭과 주소를 입력한다.

❸ 당사자표시 정정신청서

신청취지 작성 예 : 위 사건에 관하여 채권자는 다음과 같이 당사자 표시를 정정하고자 합니다. – 임시저장 – 다음 이하 생략.

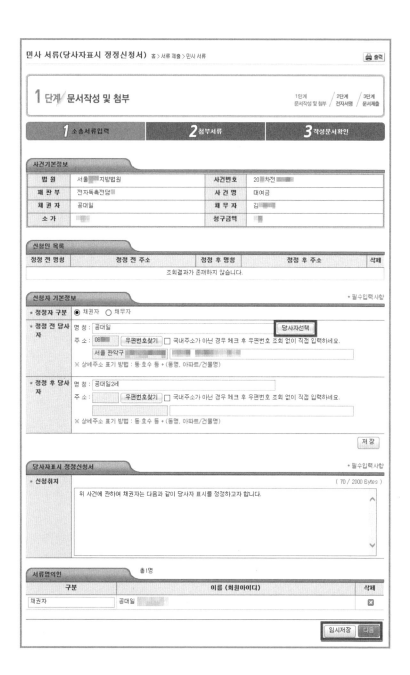

– 소송절차수계신청서

당사자의 사망, 당사자의 소송능력상실, 당사자의 파산, 법정대리인의 사망, 법정대리권의 소멸, 법인의 합병 등의 사유로 소송절차가 중단된 경우 소송수계를 할 때 본 신청서를 작성하여 제출한다. 당사자 또는 법원이 소송을 계속할 수 없는 사유가 생기는 등의 이유로 법원의 결정에 의하여 절차의 진행이 정지된 때에는 본 소송절차수계신청서를 통하여 신청할 수 없다.

❶ 서류제출 − 민사서류 − 지급명령(독촉)신청 − 지급명령 당사자 관련 − 소송절차수계신청서

❷ 당사자입력

❸ 신청취지 및 이유 작성 예 :

위 사건에 관하여 채권자/채무자 ○○○는 지급명령 정본을 송달받은 후 20○○. ○○. ○○. 사망하였으므로, 그 상속인인 신청인들이 이 사건 소송절차를 수계하도록 하여 주시기 바랍니다. − 임시저장 − 다음 이하 생략.

− 개인정보정정신청서

사건에 관하여 채권자/채무자의 개인정보에 대한 정정을 신청할 때 작성/제출한다.

❶ 서류제출 – 민사서류 – 지급명령(독촉)신청 – 지급명령 당사자 관련 – 개인정보정정신청서

❷ 작성란이 따로 없으므로 위임장 양식에 맞추어 컴퓨터 등으로 작성하여 파일로 첨부해야 한다. 양식은 다음과 같다. – 임시저장 – 다음 이하 생략.

개인정보정정신청서

[담당재판부 : 제   민사부(단독)]

사　　　　건　　　20○○차전○○○○
채　권　자　　　○○○
채　무　자　　　○○○

이 사건에 관하여 다음과 같이 채권자(채무자)의 개인정보에 대한 정정을 신청합니다.

- 다음 -

1. 정정 전 채권자(채무자)의 개인정보
○○○ (000000-0000000)
서울 ○○구 ○○○
2. 정정 후 채권자(채무자)의 개인정보
○○○ (000000-0000000)
서울 ○○구 ○○○
3. 신청이유

첨부서류

1. 주민등록표초본　　　　　　　　　　　　　　　　　　1통

20○○. ○○. ○○.

원고(피고) ○○○ (날인 또는 서명)
연락처 : 000-0000-0000

○○지방법원 (○○지원) 제 ○민사부(단독) 귀중

---

6. 지급명령 소송대리 관련하여

지급명령 소송대리 관련
– 소송위임장

당사자의 부득이한 사정으로 인해 직접 소송의 진행 또는 참석이 어려운 경우 대리인이 소송을 대리하여 진행할 수 있도록 위임할 수 있다. 이 때 소송위임장을 작성하여 법원에 제출해야 한다.

당사자의 가족, 즉 배우자, 형제자매 또는 직계혈족은 따로 법원의 허가를 받지 않더라도 소송대리인이 될 수 있다. 당사자와 대리인의 신분 관계를 증명하기 위해 가족관계증명서 또는 제적등본 등을 함께 첨부하여 제출하면 된다.

민사소송법 제91조(소송대리권의 제한) 소송대리권은 제한하지 못한다. 다만, 변호사가 아닌 소송대리인에 대하여는 그러하지 아니하다. 따라서 소송위임 할 사항을 특정할 수 있다.

위에 해당되는 사람들이 아닌 고용관계인 또는 4촌 이내의 친족 등을 소송대리인으로 선임할 때는 법원의 허가를 득해야 한다. 이는 민사단독 사건의 일반원칙과 같다.

❶ 서류제출 – 민사서류 – 지급명령(독촉)신청 – 지급명령 소송대리
관련 – 소송위임장

❷ 선임대리인정보입력

＊당사자 : 소송위임을 신청할 당사자를 채권자 또는 채무자 중에서

선택한다. '당사자선택' 버튼을 누르면 다수인 경우의 채권자 또는 채무자 중에서 일부를 선택할 수 있다.

＊대리인구분 : 대리인을 선택한다.

＊주민등록번호 : 주민등록번호 입력 후 '주민등록번호 확인' 버튼을 클릭하여 확인한다.

＊대리인명 : 대리인의 이름을 입력한다.

＊송달장소 : '우편번호찾기' 버튼을 눌러 송달장소의 입력을 완료한다.

＊연락처, 이메일 입력한다.

❸ 소송위임장 정보

＊신청내용 : 이 사건에 관하여 채권자 ○○○는/은 붙임 문서와 같이 소송위임장을 제출합니다. − 임시저장 − 다음 이하 생략.

− 소송대리인 해임신고서

소송당사자가 소송대리인을 해임하고자 할 때 작성/제출한다.

❶ 서류제출 − 민사서류 − 지급명령(독촉)신청 − 지급명령 소송대리 관련 − 소송대리인 해임신고서

− 소송대리인 사임신고서

소송대리인이 소송대리를 사임하고자 할 때 작성/제출한다.

❶ 서류제출 − 민사서류 − 지급명령(독촉)신청 − 지급명령 소송대리 관련 − 소송대리인 사임신고서

6. 지급명령 절차 관련하여

지급명령 절차 관련

- 결정경정신청서

선고된 판결에 대하여 표현상, 계산 또는 이와 비슷한 오류가 있는 경우 본 신청서를 작성/제출한다. 법원의 과실로 인한 경우, 당사자의 청구에 잘못이 있는 경우도 포함된다. 단 판결에 대한 내용이 실질적으로 변경이 되지 않는 범위에서만 가능하다.

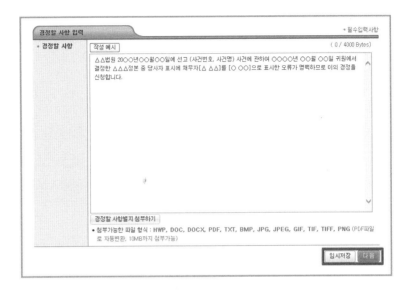

❶ 서류제출 – 민사서류 – 지급명령(독촉)신청 – 지급명령 절차 관련 – 결정경정신청서

❷ 당사자목록 – '기본적인 사항' 참조

❸ 신청내용입력 작성 예 :

위 사건에 대하여 20○○년○○월○○일에 결정을 선고하였으나, 다음과 같이 결정을 경정하여 주시기 바랍니다.

❹ 경정할 사항 작성 예 :

△△법원 20○○년○○월○○일에 선고 (사건번호, 사건명) 사건에 관하여 ○○○○년 ○○월 ○○일 귀원에서 결정한 △△△정본 중 당사자 표시에 채무자[△ △△]를 [○ ○○]으로 표시한 오류가 명백하므로 이의 경정을 신청합니다. – 임시저장 – 다음 이하 생략.

- 답변서

답변서는 상대방의 상소장, 상고이유서에 대응하여 반박자료와 그 사실을 작성하여 제출하는 반대서면이다. 답변서에 기재된 사실은 판결의 기초자료가 되기 때문에 상대방의 내용증명 또는 소장의 내용을 자세히 확인하여 각각의 사항에 대하여 반박하는 사실을 명확하게 기재해야 한다.

답변서는 지급명령 이의신청서와 동시에 제출하거나, 추후에 제출하여야 한다. 지급명령 답변서에는 불복의 이유 또는 다투는 사실에 대하여 구체적으로 기재하여야 한다. 지급명령에 기재된 각각의 사실에 대한 인정여부, 반박사실과 입증자료를 첨부하여야 한다.

❶ 서류제출 – 민사서류 – 지급명령(독촉)신청 – 지급명령 절차 관련 – 답변서

❷ 소송서류정보 입력 :

＊청구취지에 대한 답변 작성 예 :

1. 채권자의 청구를 기각한다.

2. 소송비용은 채권자가 부담한다.

라는 판결을 구합니다.

＊청구원인에 대한 답변

1. 대여금 등 채권자의 청구에 대한 답변

'채권자의 청구에 대하여 다투는 내용을 기재'

2. 결론

그러므로 채권자의 채무자에 대한 이 사건 청구를 기각하여 주시기 바랍니다. – 임시저장 – 다음 이하 생략.

– **사법보좌관의 처분에 대한 이의신청서**

①서류제출 – 민사서류 – 지급명령(독촉)신청 – 지급명령 절차 관련 – 사법보좌관의 처분에 대한 이의신청서

＊재산조회/채무불이행자명부 – 재산조회/채무불이행자명부 관련문건 – 사법보좌관처분에 대한 이의신청서를 참조하여 작성한다.

– **사법보좌관의 처분에 대한 이의신청 취하서**

제출한 사법보좌관의 처분에 대한 이의신청에 대한 신청을 취하할 때 작성/제출한다.

❶ 서류제출 − 민사서류 − 지급명령(독촉)신청 − 지급명령 절차 관련 − 사법보좌관의 처분에 대한 이의신청 취하서

− 지급명령에 대한 이의신청서

지급명령은 채권자가 제출한 지급명령신청서의 내용을 따로 심문하지 않고 그 주장과 제출자료를 토대로 판단한다. 따라서 채무자는 돈을 빌린 사실이 없거나, 채무금액의 변제, 소멸시효의 완성 등으로 지급명령의 내용이 사실과 다르거나 부당하다고 생각한다면 지급명령에 대한 이의신청서를 제출하여 다툴 수 있다. 채무자는 위 이의신청서와 별도로 지급명령의 신청원인에 대한 구체적인 진술을 적은 답변서를 함께 제출하거나 늦어도 지급명령 정본을 송달받은 날부터 30일 이내에 제출하여야 한다.

지급명령 이의신청서와 답변서를 제출하면, 법원은 채권자에게 이의신청의 사실이 있음을 채무자에게 통지하고, 지급명령은 민사본안소송으로 전환되어 진행된다.

❶ 서류제출 − 민사서류 − 지급명령(독촉)신청 − 지급명령 절차 관련 − 지급명령에 대한 이의신청서

− 지급명령에 대한 이의신청 취하서

제출한 지급명령에 대한 이의신청을 취하할 때 작성/제출한다.

❶ 서류제출 − 민사서류 − 지급명령(독촉)신청 − 지급명령 절차 관련 − 지급명령에 대한 이의신청 취하서

– 지급명령신청 (일부)취하서

제출한 지급명령신청의 전부 또는 일부를 취하할 때 작성/제출한다.

❶ 서류제출 – 민사서류 – 지급명령(독촉)신청 – 지급명령 절차 관련 – 지급명령신청 (일부)취하서

❶ 서류제출 – 민사서류 – 지급명령(독촉)신청 – 지급명령 절차 관련 – 지급명령신청 (일부)취하서

❷ 취하할 대상

취하할 대상이 다수의 채무자 중 일부인 경우 취하할 대상의 체크박

스에 체크한다.

❸ 취하서 신청취지

– 조정으로의 이행신청서

조정위원(판사 또는 변호사, 또는 그 밖에 조정기관이 임명한 자)이

신청취지 작성 예

이 사건에 관하여 채권자 ㅇㅇㅇ은(는) 채무자 △△△에 대한 지급명령 신청을 전부(일부) 취하합니다. – 임시저장 – 다음 이하 생략.

양 당사자의 분쟁을 중재한다. 이 때 양 당사자가 조정내용에 동의한다면 이를 '임의조정'이라 하며 재판상의 화해를 의미한다. 이 조정조서가 작성/송달되면 확정판결과 같은 효력으로서 불복할 수 없다. 양 당사자가 조정내용에 동의하지 않는다면 이는 '강제조정'이라 하여 재판부가 직권으로 화해조건을 결정한다. 이 화해조건으로 양 당사자가 조정결정문을 송달받은 날로부터 2주안에 이의신청이 없다면 확정판결과 같은 효력을 갖는다. 이의신청이 있는 때에는 조정 신청한 당시에 소가 제기된 것으로 본다. 따라서 통상의 소송절차로 전환된다.

❶ 서류제출 – 민사서류 – 지급명령(독촉)신청 – 지급명령 절차 관련 – 조정으로의 이행신청서

신청취지 작성 예

1. 위 사건에 관하여 채권자는 20 . . . 귀원의 인지 등 보정명령을 송달받았습니다.
2. 이에 대하여 채권자는 민사조정법 제5조의2 제1항의 규정에 의하여 위 보정명령에 따른 인지 등을 보정하는 대신, 채무자 ㅇㅇㅇ에 대하여 조정으로의 이행을 신청합니다.

8. 지급명령 기타

지급명령 기타
－ 인지과오납반환청구서

소송 접수 시에 법원에 낸 인지대 금액이 잘못되어 과오납부된 경우 법원에서는 환급통지서를 보내온다. 이 때 인지과오납반환청구서를 제출하여 과오납된 금액을 환급받을 수 있다.

소장/항소장/상고장 각하, 항소/상고 취하, 조정/화해, 포기/인낙, 인지액 과오납 등으로 환급통지서를 송달 받은 경우 청구서 작성이 가능하다.

❶ 서류제출 － 민사서류 － 지급명령(독촉)신청 － 지급명령 기타 － 인지과오납반환청구서

❷ 환급사유입력 : 인지환급 또는 과오납 중 본인에게 해당되는 사항을 선택한다.

❸ 환급청구서 작성 : '내정보 가져오기'를 클릭하여 정보를 불러온 후 주민등록번호와 주소 등이 맞는지 확인한다. 납부일자와 납부금액, 환급청구금액을 확인하여 입력한다.

❹ 환급계좌입력 : 금융기관명을 선택하고 계좌번호와 예금주성명을 입력 후 '계좌확인' 버튼을 눌러 입력한 계좌가 맞는지 확인한다. － 임시저장 － 다음 이하 생략.

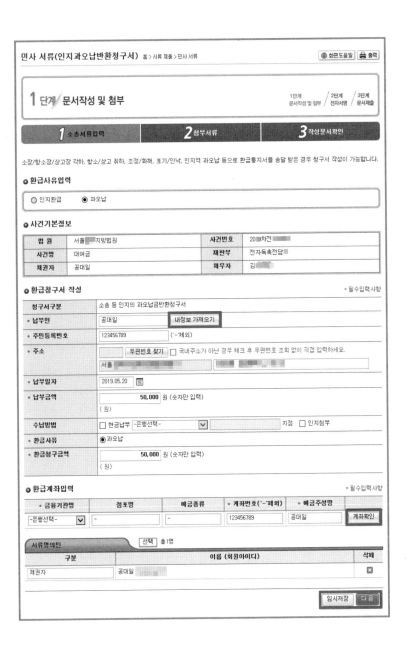

1. 대여금반환소송 - 빌려준 증거가 있다면 대여금반환청구소송!

민사서류

민사본안소송

- 대여금반환소송

대여금반환소송은 지급명령신청의 방법으로 진행이 곤란한 경우에 제기한다. 채무자가 이의신청을 할 가능성이 높거나, 채무자의 인적사항을 자세히 알지 못하는 경우에는 이 대여금반환소송으로 진행하여야 한다.

청구액이 3,000만 원 이하인 경우에는 소액사건으로 적용되어 절차적으로 비교적 신속한 진행이 가능하다. 소송을 제기한 시점으로부터 소송촉진 등에 관한 특례법에 따른 이자를 추가적으로 받을 수 있다. 때문에 소송을 제기할 때는 가급적 일찍 하는 것이 유리하다.

채무자의 인적사항을 제출하여 채무자를 특정하여야 하는데 주소를 정확히 알지 못하는 경우에는 주소를 작성하지 않거나 아니면 알고 있는 채무자의 예전 주소를 기재하여 소송을 제기할 수 있다. 그러면 법원에서는 송달불능으로 송달이 되지 않아 채권자에게 주소보정명령서를 보내게 된다. 채권자는 주소보정명령서로 채무자의 초본을 발급받아 주소지를 확인할 수 있다. 만일 채무자의 주소지에도 폐문부재 등으로 송달불능이 되면 공시송달신청을 통하여 송달할 수 있다.

본 소송을 진행할 때는 돈을 빌려주었다는 정황이 담긴 입증자료를

충분히 준비해야 한다. 차용증이 없더라도 돈을 주고받은 계좌내역, 문자메시지, 전화녹음내용, 거래명세표, 세금계산서 등 직·간접증거들을 잘 보관하여 첨부해야 한다.

소송을 진행하여 승소판결이 확정되면 이 판결문을 토대로 채무자의 재산에 강제집행을 할 수 있다.

❶ 서류제출 – 민사서류 – 소제기관련 – 소장

❷ 사건기본정보

＊사건명 : '대여금'을 선택한다. 본인의 상황에 따라 공사대금, 매매대금, 보증금반환 등 응용할 수 있다.

＊청구구분 : '재산권상청구'

＊소가구분 : '금액'

＊소가 : 대여금을 입력하고 인지액, 송달액을 확인하려면 '소가산정안내'를 클릭하여 볼 수 있다.

❸ 제출법원 : 원칙적으로 피고(채무자)의 주소지 관할법원에 제출한다. '관할법원 찾기'를 통하여 채무자의 주소를 찾아 선택한다. 관할법원의 선택이 잘못되면 사건이 이송되어 소송이 다소 지연될 수 있다.

❹ 당사자 기본정보

＊주소 : 피고(채무자)의 주소를 모르는 경우 체크할 수 있는 체크박스를 선택하여 저장한다.

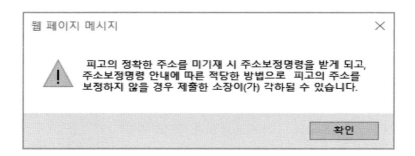

웹 페이지 메시지 ✕

⚠️ 피고의 정확한 주소를 미기재 시 주소보정명령을 받게 되고,
주소보정명령 안내에 따른 적당한 방법으로 피고의 주소를
보정하지 않을 경우 제출한 소장이(가) 각하될 수 있습니다.

확인

❺ 청구취지 입력

＊청구취지 : '작성예시' 버튼을 활용하여 각종 예문을 확인 할 수 있
다. 참고하여 작성한다.

＊청구취지 작성 예 :

청구취지 작성 예 :

1. 피고는 원고에게 금 10,000,000원 및 이에 대하여 20○○. ○○. ○○. 부터 이 사건 소장 부본 송달일 까지는 연 5%의, 그 다음날부터 완제일까지는 연 12%의 각 비율에 의한 금원을 지급하라.

2. 소송비용은 피고의 부담으로 한다.

3. 제1항은 가집행할 수 있다. 라는 판결을 구합니다.

❻ 청구원인 입력

＊청구원인 : '요건 사실'을 선택하여 내용을 참고하여 청구원인을 작성할 수 있다.

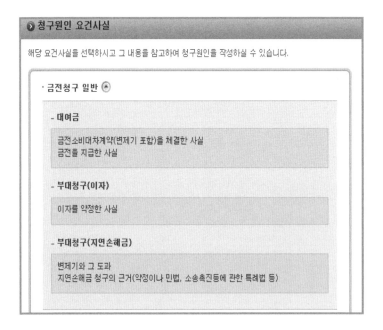

＊청구원인 작성 예 :

1. 원고는 피고에게 20○○. ○○. ○○. 금 10,000,000원을 대여하면서 20○○. ○○. ○○.에 변제 받기로 하였습니다.

2. 그런데 피고는 위 대여금 중 20○○. ○○. ○○.경 금 2,000,000원, 20○○. ○○. ○○.경 금 1,000,000원, 합계급 3,000,000원을 변제하였으나, 나머지 금 7,000,000원을 변제기가 지난 현재에 이르기까지 지불하지 아니하고 있습니다.

3. 따라서 원고는 피고로부터 청구취지와 같은 돈을 지급받기 위하여 이 사건 청구에 이르게 되었습니다. - 임시저장 - 다음 이하 생략.

2. 사실조회신청 – 채무자의 주민등록번호와 주소를 알아내보자!

– 사실조회신청

사실조회신청은 소송과 관련하여 본인이 주장하는 사실을 입증하고자 할 때 상대방의 인적사항은 물론, 과세정보제출명령, 금융거래정보제출명령, 각종 문서제출명령, 수사기록인증등본송부촉탁신청 등을 통하여 증거를 수집하는 절차이다.

민사소송법 제294조(조사의 촉탁) 법원은 공공기관·학교, 그 밖의 단체·개인 또는 외국의 공공기관에게 그 업무에 속하는 사항에 관하여 필요한 조사 또는 보관중인 문서의 등본·사본의 송부를 촉탁할 수 있다.

이처럼 사실조회신청은 다양하게 활용할 수 있다. 이 책에서는 채무자의 인적사항(주민등록번호, 주소 등)을 알아내고자 할 때 작성/제출한다고 생각하면 된다.

채무자의 전화번호를 아는 경우 통신사에, 계좌번호를 아는 경우에는 은행에 신청한다.

❶ 서류제출 – 민사서류 – 민사본안 – 사실조회신청서

❷ 사실조회신청서

신청취지 작성 예

위 사건에 관하여 주장사실을 입증하기 위하여 다음과 같이 사실조회를 신청합니다.

＊사실조회촉탁의 목적 작성 예 :

이 사건 소장 부본을 송달하기 위하여 피고의 인적사항을 알지 못하는 바, 주민등록번호, 주소를 특정하기 위하여 사실조회신청을 합니다.

＊대상기관의 명칭 – '조회'클릭 후 3대 통신사인 에스케이텔레콤, 케이티, 엘지유플러스를 조회하여 선택한다. 만일 채무자가 3대 통신사가 아닌 알뜰폰 사용자라면 따로 추가로 조회하여 선택하여야 한다.

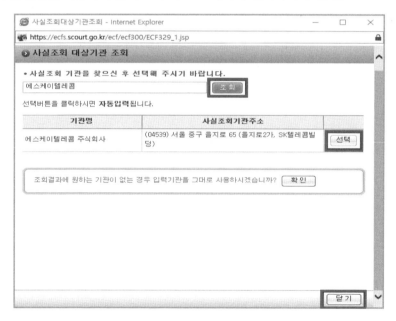

＊사실조회사항 작성 예 :

귀사와 관련하여 다음 사항에 대하여 회신을 부탁드립니다.

가. 귀사의 고객 중 휴대전화번호 010-XXXX-XXXX로 가입한 고객이 있는지의 여부.

나. 위 번호로 가입한 고객이 있다면 해당 명의인의 이름, 주민등록번호, 주소 등 일체. - 임시저장 - 다음 이하 생략.

3. 민사가압류신청(부동산, 채권, 자동차, 유체동산 등) 채무자가 재산을 빼돌리지 못하도록 미리 가압류를 해두자!

민사신청

- 민사가압류신청서(부동산, 채권, 자동차, 유체동산 가압류)

＊가압류는 보전처분으로서 금전채권 또는 금전화할 수 있는 채권에 대해 추후에 강제집행하였을 때 집행이 불능 또는 곤란할 경우를 대비하여 채무자가 재산을 처분, 은닉하기 전에 미리 압류하여 재산을 동결시키는 것을 말한다. 채권자가 소송을 제기한 후 승소하여 판결, 집행까지 걸리는 시간이 상당하므로 채무자가 재산을 처분하지 못하도록 임시로 채무자의 재산을 동결시키는 절차로 이해하면 쉽다. 이러한 가압류의 목적상 가압류가 결정되기 전까지 채무자는 가압류가 진행되고 있다는 사실을 알 수 없다.

채무자의 재산을 알고 있다면 민사소송 또는 지급명령신청을 하면서 동시에 가압류를 신청하여 채무자가 재산을 빼돌릴 시간을 주지 말아야 한다. 가압류는 채무자의 채권을 보전하는 조치에 불과하기 때문에 가압류 결정이 되었다고 해서 채권을 곧바로 회수할 수는 없다. 채권을 회수하기 위해서는 소송을 통하여 본안판결을 받아 가압류를 본압류로 이전해야 채권을 회수할 수 있다.

가압류의 절차는 ①가압류 신청비용 납부 및 신청서류 제출 ②담보제공명령서 수령(선담보제공시에는 생략) ③현금공탁 또는 공탁보증보험 가입 ④결정 ⑤가압류 집행(촉탁등기)로 이루어지며, 중간에 보정명령이 없다면 가압류 신청에서 집행까지 보통 1주에서 3주가량 소요된다.

부동산에 대한 가압류는 법원이 관할등기소에 촉탁한다.

채권가압류는 법원으로부터 제3채무자에게 가압류결정문이 송달되면 효력이 발생한다.

유체동산가압류의 집행은 채권자가 법원으로부터 가압류결정문을 송달받은 날로부터 14일 이내에 유체동산 소재 관할법원 관할 집행관에게 수수료를 납부하고 강제집행신청을 해야 한다.

가압류의 절차 중 현금공탁을 하거나 공탁보증보험에 가입해야 하는 이유는 법원은 가압류로 생길 수 있는 채무자의 손해에 대하여 채권자에게 가압류 명령을 내리기에 앞서 담보제공을 명령할 수 있기 때문이

민사 서류(가압류신청서) 홈 > 서류 제출 > 민사 서류

● 사건확인
서류를 제출할 사건번호를 입력하시기 바랍니다.

소송유형	민사 ▼
법원	서울중앙지방법원 ▼
사건번호	2019 ▼ 가단 ▼
당사자명	
	☑ 본안사건 없음

확인   취소

💡 참고하세요!
- 소제기된 사건이 없을 경우 '본안사건 없음' 체크박스를 체크하시기 바랍니다.

다.(민사집행법 제280조(가압류명령) 제2항)

담보제공명령을 받은 채권자가 그 결정에 정해진 기일(보통 7일) 내에 담보를 제공하지 않으면 법원은 신청을 각하한다.(민사집행법 제280조 제3항 및 민사소송법 제219조).

❶ 서류제출 – 민사서류 – 민사신청 – 보전처분관련신청 – 민사가압류신청서

❷ 가압류 신청에 앞서 미리 제기한 본안 소송이 있다면 법원, 사건번호, 당사자명을 입력하고, 미리 제기한 본안소송이 없다면 '본안사건 없음'을 체크하고 확인을 클릭한다.

❸ 사건기본정보

＊사건명 : 다음 그림과 같이 가압류 가능한 목록이 다수 있으나 대표적으로 부동산과 채권, 자동차, 유체동산을 가압류 하는 방법을 예시로

들었다.

＊청구금액 : 청구금액을 입력한다.

＊피보전권리 작성 예 : 20○○.○○.○○ 자 대여금

＊제출법원 : 관할법원은 부동산의 경우 부동산소재지, 채권 또는 자동차, 유체동산의 경우 법인은 법인의 주사무소 소재지, 개인은 주민등록지로 관할 법원을 선택한다.

＊피보전권리의 유형 : 해당하는 항목을 선택하고, 해당사항이 없는 경우 '해당사항 없음'에 체크한다. ─ 저장.

＊등록면허세목록과 등기촉탁수수료목록은 부동산 가압류를 진행할 때 입력해야 하고, 채권 또는 자동차, 유체동산 가압류를 진행할 때는 작성하지 않고 생략한다. '8. 부동산 등 집행 신청서류'의 1. 등기신청 수수료 납부, 2. 등록면허세 납부를 참조하여 작성한다. 등록면허세목록과 등기촉탁수수료목록을 지금 입력하지 않고 가압류신청서 제출 이후에 납부하고 보정서 형식으로 따로 제출할 수 있다.

＊선담보목록 : 작성하지 않고 생략한다. 가압류의 절차상 신청서 제출 이후에 법원에서 담보제공명령서가 나오면 그 때 명령서의 내용대로

현금공탁 또는 공탁보증보험가입의 방법으로 납부 후 제출한다.

＊당사자목록 : '기본적인 사항' 참조

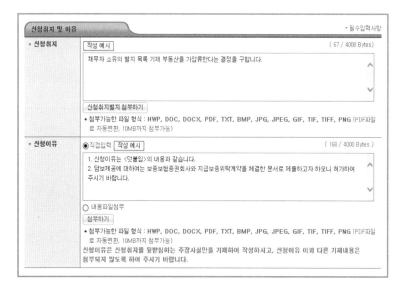

❹ 신청취지 및 이유

– 부동산 가압류

신청취지 작성 예

채무자 소유의 별지 목록 기재 부동산을 가압류한다는 결정을 구합니다.
– 신청취지별지 첨부하기 : 따로 작성해둔 신청취지가 있다면 별지로 첨부한다.

1. 채권자는 채무자에 대하여 20○○. ○○.○○ 금 ○○원을 변제기 20○○. ○○. ○○ 이자 연 12%의 약정으로 빌려준 사실이 있습니다. 그러나 채무자는 변제기에 이르러서도 별다른 사유 없이 이를 지급하지 않고 있습니다.

2. 채무자는 이미 다른 채권자들에게서도 많은 채무를 부담하고 있으며, 채무자는 본인명의로 된 아파트가 한 채 있습니다.

3. 채권자는 채무자로부터 대여금반환청구소송을 준비 중이나, 위 채무자의 재산 상태로 보아 승소한 이후에도 강제집행의 목적을 달성할 수 없을 것으로 예상되는 바, 이 사건 신청에 이르게 되었습니다.

4. 담보 제공
   담보제공에 대하여는 보증보험증권회사와 지급보증위탁계약을 체결한 문서로 제출하고자 하오니 허가하여 주시기 바랍니다.

- 채권 가압류

채무자의 제3채무자에 대한 별지 목록 기재의 채권을 가압류한다. 제 3채무자는 채무자에게 위 채권에 관한 지급을 하여서는 아니 된다는 결정을 구합니다.

1. 채권자는 채무자에 대하여 20○○. ○○.○○ 금 ○○원을 변제기 20○○. ○○. ○○ 이자 연 12%의 약정으로 빌려준 사실이 있습니다. 그러나 채무자는 변제기에 이르러서도 별다른 사유 없이 이를 지급하지 않고 있습니다.

2. 채무자는 이미 다른 채권자들에게서도 많은 채무를 부담하고 있으며,

채무자에게 20○○.○○.○○ 까지는 반드시 지급하겠다는 이행각서를 작성하여 받았으나 이 또한 이행되지 아니하였습니다.

3. 채권자는 채무자로부터 대여금반환청구소송을 준비 중이나, 위 채무자의 재산 상태로 보아 승소한 이후에도 채무자가 제3채무자에 가지는 예금청구권을 회수하여 간다면 채권자는 위 청구채권을 지급받을 수 없는 바, 이 사건 신청에 이르게 되었습니다.

4. 담보 제공
   담보제공에 대하여는 보증보험증권회사와 지급보증위탁계약을 체결한 문서로 제출하고자 하오니 허가하여 주시기 바랍니다.

- 자동차 가압류

신청취지 작성 예

채무자 소유의 별지 목록 기재 자동차를 가압류한다는 결정을 구합니다.

- 유체동산 가압류

신청이유 작성 예

1. 채권자는 채무자에 대하여 20○○. ○○.○○ 금 ○○원을 변제기 20○○. ○○. ○○ 이자 연 12%의 약정으로 빌려준 사실이 있습니다. 그러나 채무자는 변제기에 이르러서도 별다른 사유 없이 이를 지급하지 않고 있습니다.

2. 채무자는 이미 다른 채권자들에게서도 많은 채무를 부담하고 있으며, 채무자는 본인명의로 된 자가용이 한 대 있습니다.

3. 채권자는 채무자로부터 대여금반환청구소송을 준비 중이나, 위 채무자의 재산상태로 보아 승소한 이후에도 강제집행의 목적을 달성할 수

없을 것으로 예상되는 바, 이 사건 신청에 이르게 되었습니다.

4. 담보 제공

담보제공에 대하여는 보증보험증권회사와 지급보증위탁계약을 체결한 문서로 제출하고자 하오니 허가하여 주시기 바랍니다.

❺ 목적물 : 신청취지의 '별지 목록'이 된다.

– 부동산 가압류

가압류할 부동산의 정보를 입력한다.

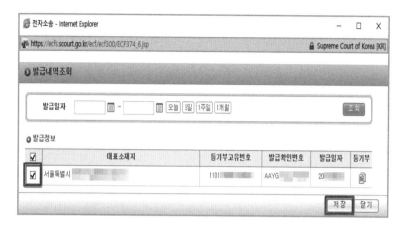

*제출방식 : 발급된 부동산 등기부등본을 보고 '직접입력'을 통해 작성해도 되지만 '전자제출용 등기부등본'이 있다면 '발급내역'을 클릭하여 편하게 목적물 기본정보를 작성할 수 있다. '발급내역'을 클릭하면 다음과 같이 발급해둔 전자소송용 등기부등본의 발급정보가 나오므로 해당 부동산을 체크하여 저장한다.

- 채권 가압류

*내역 : '작성 예시'를 클릭하면, 채권가압류의 목적물에 해당하는 예금채권, 급료, 임대차보증금, 매매대금, 대여금, 공사대금, 손해배상, 보험금등의 예시 양식이 있으므로 참고하여 작성한다. 제 3채무자가 2인 이상인 경우, 예를 들어 예금채권과 급료 등에 동시에 가압류를 하려면 청구금액을 각각 특정해야 한다. 각각 특정한 금액의 합이 전체 청구금액이 되도록 해야 한다.

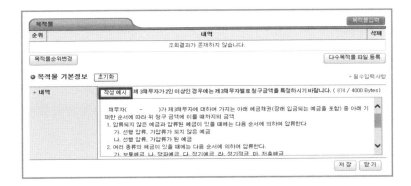

- 자동차 가압류

*내역 : 자동차등록원부(갑)을 참고하여 다음과 같이 작성한다.

등 록 번 호 : 12가1234
제 원 관 리 번 호 : A12-00012-0012-1234
차 명 : 소나타
차 종 : 승용 중형
차 대 번 호 : QWERASDF
원동기의 형식 및 연식 : ASD2
사 용 본 거 지(차고지) : 서울시 종로구
등 록 연 월 일 : 20○○.○○.○○

- 유체동산 가압류

＊내역 작성 예 : 채무자의 주소지 ○○시 ○○구 ○○로 ○○번지 내 채무자 소유 중에 강제집행이 가능한 일체의 유체동산

❻ 소명서류 : 기본적인 사항을 참조하여 작성하되 가압류의 원인이 되는 서류를 준비하여 첨부한다. 대여금인 경우 차용증, 지불각서, 통장 사본등, 임대차보증금인 경우에는 임대차계약서를, 물품대금인 경우에 는 세금계산서, 거래명세표 등을 소명서류로 첨부하여 제출한다.

❼ 첨부서류

- 부동산 가압류 :

가압류신청 진술서와 부동산등기사항전부증명서가 포함되어야 한다.
가압류신청 진술서 '작성'을 클릭하면 답변항목들이 나오는데 각 항목 작
성 후 '첨부'한다. 부동산등기사항전부증명서도 첨부하되 인터넷등기소
에서 '전자제출용'으로 발급받은 경우 '등기사항증명서조회'를 클릭하여
등록한다. - 작성완료 이하 생략.

– 채권 가압류 :

가압류신청 진술서와 진술최고신청서(제3채무자에 대한)가 포함되어야 한다. 각 '작성'을 클릭하여 답변항목을 작성 후 '첨부'한다.

– 자동차 가압류 :

가압류신청 진술서, 자동차등록원부, 목록(등록원부의 갑구)이 포함되어야 한다. 가압류신청 진술서 '작성'을 클릭하면 답변항목들이 나오는데 각 항목 작성 후 '첨부'한다.

– 유체동산 가압류 :

가압류신청 진술서가 포함되어야 한다. '작성'을 클릭하여 답변항목을 작성 후 '첨부'한다.

*가압류할 부동산이 미등기부동산인 경우

'미등기 부동산'이란 소유권보존등기가 완료되지 않은 토지와 건물을 말한다. 채무자 소유의 미등기 부동산이 있다면 민사집행법 제81조 제2항에 따라 '채무자의 소유로 등기되지 아니한 부동산에 대하여는 즉시 채무자 명의로 등기할 수 있다는 것을 증명할 서류, 그 부동산이 등기되지 아니한 건물인 경우에는 그 건물이 채무자의 소유임을 증명할 서류, 그 건물의 지번·구조·면적을 증명할 서류 및 그 건물에 관한 건축허가 또는 건축신고를 증명할 서류'를 첨부하여 가압류 신청이 가능하다.(출처: 법제처)

미등기 건물에 대한 가압류 신청시 첨부해야 할 서류는 다음과 같다.

❶ 미등기건물이 이미 사용승인을 받아 건축물대장 등본을 발급받을 수 있는 경우

  - 소유자의 주소 및 등기용등록번호증명서
  - 건축물대장등본(집합건물은 소재도·각층의 평면도·구분건물의 평면도)

❷ 건물로서의 외관을 갖추었지만 아직 사용승인을 받지 못한 경우

  - 소유자의 주소 및 등기용등록번호증명서
  - 건물이 채무자의 소유임을 증명할 수 있는 서류
  - 건물의 소재와 지번·구조·면적을 증명할 수 있는 서류
  - 건축허가서 또는 신고서

채권자는 공적 장부를 주관하는 공공기관에 그 건물이 채무자의 소유임을 증명할 서류, 그 건물의 지번·구조·면적을 증명할 서류 및 그 건물에 관한 건축허가 또는 건축신고를 증명할 서류의 사항들을 증명하여 줄 것을 청구할 수 있다.

미등기 건물의 지번·구조·면적을 증명하지 못한 때는, 가압류 신청권자가 가압류 신청과 동시에 그 조사를 집행법원에 신청할 수 있다.

채권자가 채무자를 상대로 한 가압류 신청이 적법하게 진행되었다면 법원에서는 다음과 같은 담보제공명령을 내린다. 이 때 채권자가 이 결정에 정해진 기일(보통 7일) 내에 담보를 제공하지 않으면 법원은 신청을 각하하고, 담보제공이 되면 가압류 명령을 발한다.(민사집행법 제280조 3항 및 민사소송법 제219조)

<예시>

○○지방법원 ○○지원
담보제공명령

사　건 20○○카단 ○○○○ 부동산가압류
채권자 김 채 권
　　　　 서울시 구로구 ○○○
채무자 박 채 무
　　　　 서울시 영등포구 ○○○

　위 사건에 대하여 채권자에게 담보로 이 명령을 고지받은 날부터 7일 이내에 채무자를
위하여 천만(10,000,000)원을 공탁할 것을 명한다.
다만, 채권자는 위 공탁할 금액 중 팔백만(8,000,000)원에 대하여는 지급보증위탁계약을
체결한 문서를 제출할 수 있다.

20○○.○○.○○

판 사　　나 냉 정

※위에서 정한 기일 안에 공탁하거나 지급보증위탁계약을 체결한 경우 그 정보가 전자적으
로 법원에 제출되므로 별도로 공탁서 등을 제출하지 않아도 됩니다.

　정해진 것은 없으나 통상 부동산 가압류의 경우에는 위 예시처럼 현
금공탁과 보증보험공탁을 함께 요구하고, 채권이나 유체동산 가압류의
경우에는 현금공탁만을 요구하는 경우가 많다.

　위 내용으로 미루어보아 1000만원을 전액 현금으로 공탁해도 되고,
200만원은 현금으로, 800만원은 지급보증위탁계약을 통하여 공탁해도
된다. 법원에 방문하여 공탁하는 경우 가압류를 신청한 관할법원이 아닌
다른 가까운 법원으로 가서 공탁해도 특별한 제한규정이 없으므로 담보
제공자가 정한 공탁소에 공탁해도 무방하다. 그러나 보통 담보제공명령

을 발한 법원 소재지 공탁소에 공탁하는 것이 일반적이다.

1) 현금 공탁

❶ 대한민국 법원 전자공탁 홈페이지 https://ekt.scourt.go.kr 에 접
속하여 사용자등록을 하고 인증센터에서 '공인인증서 등록 및 갱신'을 완
료하여 로그인한다. 공탁신청 – 신청서작성을 클릭한다.

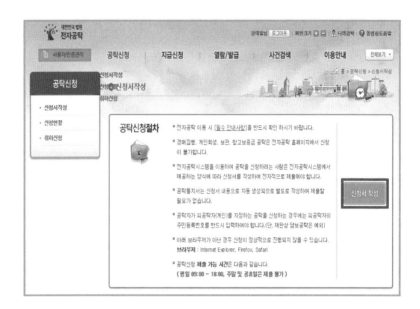

❷ '신청서 작성'을 클릭한다. 공탁신청 제출 가능시간은 평일 오전 9시부터 오후 6시까지만 가능하며, 주말, 공휴일에는 제출할 수 없다.

❸ 기본정보

*공탁유형

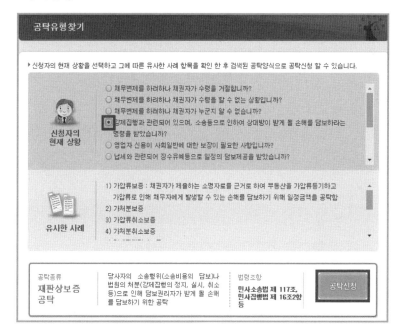

유사한 사례항목을 선택한다. 이 중 4번째 '강제집행과 관련되어 있으며, 소송등으로 인하여 상대방이 받게 될 손해를 담보하라는 명령을 받았습니까?' 항목을 선택 후 '공탁신청'을 클릭한다.

＊법원

> ## 관할법원 안내
>
> ● **관할법원 안내**
>
> 공탁서는 원칙적으로 채권자의 주소지를 관할하는 공탁소에 제출할 수 있습니다. 다만, 예외적인 경우가 있으므로 근거법령를 세심하게 살펴야 합니다.
>
> 제출할 공탁소의 관할법원 조회는 대한민국법원 전자민원센터 **(법원/관할정보)** 에서 확인하시기 바랍니다.
>
> › **변제 공탁의 관할**
>
>   ① 원칙 : 채권자의 주소지를 관할하는 공탁소, 채권자의 현재 주소지를 모를 때에는 채권자의 최후 주소지를 관할하는 공탁소
>
>   ② 예외 : 당사자가 별도의 약정으로 변제 장소를 정한 경우에는 그 장소를 관할하는 공탁소, 사업시행자가 토지수용을 하고 그 보상금을 공탁하는 경우에는 토지소재지를 관할하는 공탁소 또는 공탁금을 수령할 자(채권자)의 주소지를 관할하는 공탁소
>
> › **재판상 보증공탁 및 집행공탁의 관할**
>
>   재판상 보증공탁이나 집행공탁은 통상적으로 담보제공명령 법원이나 최초의 압류명령 법원에 공탁하고 있습니다.
>
> › **시·군법원에 공탁신청을 할 경우에 유의할 사항**
>
>   공탁규칙은 지방법원 및 지방법원지원의 공탁관과 시·군법원 공탁관의 공탁사무처리 직무범위를 달리 규정하여 시·군법원 공탁관은 시·군법원사건에 직접 관련된 공탁사건에 한하여 처리할 수 있도록 규정하고 있습니다.(2000. 7. 1.부터 시행) 따라서 지방법원 및 지방법원지원의 관할과 시·군법원의 관할이 외형상 경합하는 경우에는 「공탁규칙」 제2조에서 정하고 있는 시·군법원의 공탁관의 직무범위 외의 공탁은 해당 지방법원 또는 지방법원지원에 공탁신청을 하여야 합니다.

관할법원 안내 내용을 확인 후 선택한다. 통상적으로 담보제공명령 법원이나 최초의 압류명령 법원에 공탁한다.

* 법령조항

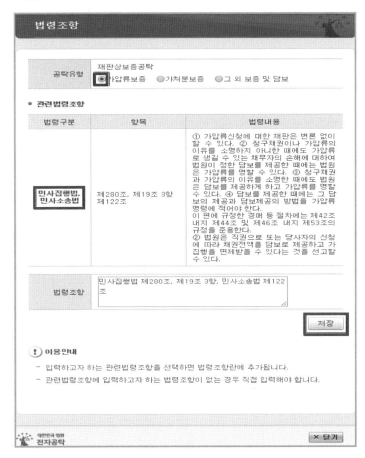

공탁유형 – '가압류보증'을 선택하고 관련법령조항의 '민사집행법, 민사소송법'이라는 파란 글씨를 클릭 후 저장한다.

*총 공탁금액 : 총 공탁금액 입력 후 다음.

❹ 당사자 정보입력

* '내정보 가져오기'를 선택 후 정보가 정확히 맞는지 입력 후 '추가'를 클릭한다. 피공탁자의 정보도 입력하여 추가한 후 다음.

❺ 상세정보입력

*공탁금납부은행과 공탁원인사실을 선택한다.

*관련사건정보 빈칸을 각 입력한다. - 다음

❻ 첨부서류등록

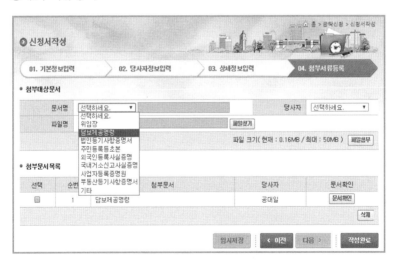

＊첨부대상문서

법원에서 받은 담보제공명령서를 첨부하여 작성완료 한다. 이후 선택한 공탁금 납부은행에 가상계좌가 생성되며, 납부를 하게 되면 현금공탁은 완료된다.

2) 보증보험공탁

본지에서는 SGI서울보증보험 홈페이지를 이용하여 공탁하는 방법을 소개하고 있다. SGI서울보증보험지점 및 대리점에 직접 방문하여 보증보험에 가입할 수 있다.

❶ SGI서울보증 홈페이지 www.sgic.co.kr 에 접속하여 회원가입을 하고, 공인인증서 등록을 하여 로그인을 한다. 메인 화면에서 보험가입 – 다이렉트 보험서비스 – 전자보증서발급을 클릭한다.

❷ 우측하단의 법원 공탁보증을 클릭한다.

❸ 관할법원과 사건번호를 조회하면 해당 사건 검색결과가 표시된다. 가입자에 대한 심사가 필요한 등의 사유로 다이렉트 보험가입이 불가하다는 안내메세지가 나타날 수 있다.

이후 과정은 고객센터(1670-7000, 02-3671-7000, 080-666-0021)에 전화하여 안내에 따른다. 담보제공명령서 등을 팩스로 보내고 승인받는 절차가 필요하다. 최종 전자서명 후 보증보험료 납부하여 공탁보증보험증권을 발급받으면 법원으로 자동 전송되기 때문에 법원으로 따로 제출할 필요는 없다.

재산명시신청

채권자가 승소 판결을 받아 집행권원을 얻었으나 채무자의 재산 상태를 알 수 없을 때 관할법원에 채무자의 재산을 명시해줄 것을 신청하기 위해 재산명시신청을 작성/제출한다. 즉 승소 판결을 받았음에도 채무자가 채무변제를 이행하지 않은 경우, 법원이 직권 또는 당사자의 신청에 따라 채무자에게 재산목록의 제출을 명하도록 하는 것이다. 채무자는 본인이 제출한 재산목록이 사실임을 법정에서 선서를 한다. 만일 제출을 거부하거나 불성실신고를 하는 경우 형사제재를 받을 수 있다.(민사집행법 제61조 내지 제69조)

재산명시명령을 받고도 채무자가 정당한 사유 없이 명시기일에 불출석하거나 재산목록 제출 거부, 선서를 거부한 경우에 법원은 20일 이내의 감치명령을 내릴 수 있다.(민사집행법 제68조) 허위로 재산목록을 제출한 경우에는 3년 이하의 징역이나 500만원 이하의 벌금에 처해질 수 있다.(민사집행법 제68조 제9항)

제출된 재산목록을 채권자가 열람 및 복사할 수 있는데 재산목록에 강제집행이 가능한 재산이 있다면 강제집행을 통해서 채권의 만족을 얻을 수 있고, 채무자가 제출한 재산목록의 재산만으로는 집행채권의 만족을 얻기에 부족한 경우에는 재산명시를 신청한 채권자의 신청에 따라 개인의 재산 및 신용에 관한 전산망을 관리하는 공공기관,금융기관, 단체

등에 채무자 명의의 재산을 조회할 수 있다.(민사집행법 제74조)

재산명시신청은 공시송달이 불가하며 사건이 기각되더라도 기각된 결정문으로 재산조회신청을 할 수 있다. 재산명시신청이 기각·각하된 경우에는 그 명시신청을 한 채권자는 기각·각하사유를 보완하지 아니하고서는 같은 집행권원으로 다시 재산명시신청을 할 수 없다.(민사집행법 제69조)

1. 재산명시 신청/이의신청/상소권회복신청

1) 주신청

- 재산명시신청

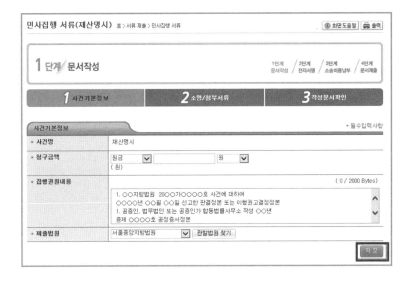

❶ 서류제출 − 민사집행서류 − 재산명시/감치 − 주신청 − 재산명시신청서

❷ 사건기본정보

＊청구금액 입력 : (예: 10,000,000원)

＊집행권원내용 작성 예 :

- 판결문인 경우 : 1. ○○지방법원 20○○가○○○○호 사건에 대하여 ○○○○년 ○○월 ○○일 선고한 판결정본 또는 이행권고결정정본

- 공정증서인 경우 : 공증인, 법무법인 또는 공증인가 합동법률사무소 작성 ○○년 증제 ○○○○호 공정증서 정본

＊제출법원 : 제출법원은 채무자의 보통재판적이 있는 곳의 법원 즉, 채무자의 주소지의 관할법원으로 한다. 만일 관할법원을 잘 모르는 경우 "관할법원 찾기"를 통하여 선택한다. - 저장.

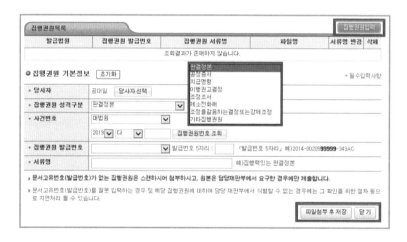

❸ 집행권원목록 - 집행권원 기본정보(공정증서 외)

＊당사자 : 집행권원의 당사자를 선택한다.

＊집행권원 성격구분 : 판결정본, 공정증서, 지급명령, 이행권고결정, 조정조서, 제소전화해, 조정을 갈음하는 결정 또는 강제조정, 기타집행권원 중 해당하는 항목을 선택한다.

＊집행권원 발급번호 : 공정증서를 제외한 나머지 항목의 경우에 사건번호, 집행권원 발급번호와 발급번호 5자리를 입력하는 칸이 나온다. 판결문 정본 등을 보고 사건번호와 집행권원 발급번호, 서류명(예:집행력있는 판결정본)을 작성한다.

❹ 집행권원목록 – 집행권원 기본정보(공정증서)

＊당사자 : 집행권원의 당사자를 선택한다.

＊집행권원 성격구분 : 공정증서

＊공정증서 법무법인명 : 공정증서에 표시된 공정증서 법무법인명을 입력한다.

＊공정증서번호 : 공정증서에 표시된 공정증서 법무법인명을 입력한다.

＊서류명 작성 예 : 집행력있는 약속어음공정증서 정본

- 완료되면 파일첨부 후 저장

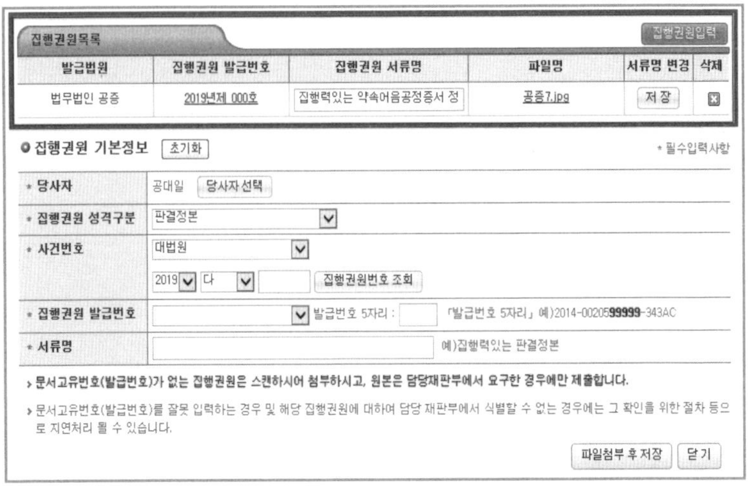

❺ 집행권원 입력 – 집행권원 파일 첨부 후 저장

다음과 같이 집행권원 목록에 등재 되었는지 확인.

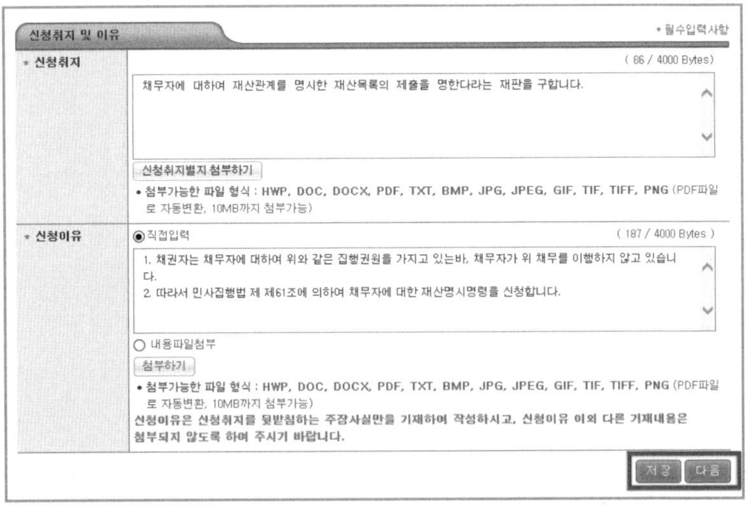

❻ 신청취지 및 이유

신청취지 작성 예

채무자에 대하여 재산관계를 명시한 재산목록의 제출을 명한다라는 재판을 구합니다.

신청이유 작성 예

1. 채권자는 채무자에 대하여 위와 같은 집행권원을 가지고 있는 바, 채무자가 위 채무를 이행하지 않고 있습니다.
2. 따라서 민사집행법 제 61조에 의하여 채무자에 대한 재산명시명령을 신청합니다. −저장 − 다음.

❼ 첨부서류에 파일첨부 − 공정증서의 경우 집행문이 부여된 공정증서와 채무자 주민등록표 초본을 첨부.

공정증서를 제외한 나머지 집행권원의 경우 집행문 부여된 판결문, 송달증명원, 확정증명원, 채무자의 주민등록초본을 첨부 − 이하 생략.

2) 부수신청

− 명시명령에 대한 이의 신청서

채무자가 재산명시명령을 받았으나 부당하다고 판단되거나 이미 변제한 사유 등으로 불복하여 이의가 있는 경우 명시명령에 대한 이의신청서를 작성하여 제출한다.

채무자는 재산명시명령을 송달받은 날부터 1주 이내에 이의신청을 할 수 있다. 법원은 이의신청 사유를 조사할 기일을 정하고 채권자와 채무자에게 이를 통지하여야 한다. 이의신청에 정당한 이유가 있을 때는 법원은 결정으로 재산명시명령을 취소하여야 하나 이의신청에 정당한 이유가 없거나 채무자가 정당한 사유 없이 기일에 출석하지 않을 때는 법원은 결정으로 이의신청을 기각하여야 한다.(민사집행법 제63조)

이의 사유로는 채무의 내용이 금전채무가 아닌 경우, 채무를 이미 변제한 경우, 채무의 시효가 완성된 경우 등이 있다.

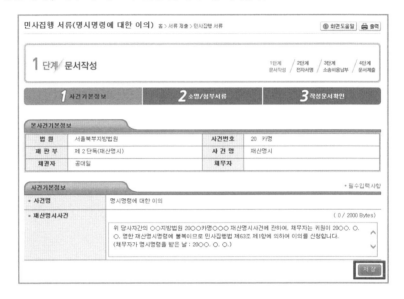

❶ 서류제출 − 민사집행서류 − 재산명시/감치 − 부수신청 − 명시명령에 대한 이의 신청서

❷ 사건기본정보

＊재산명시사건 작성 예 : 위 당사자간의 ○○지방법원 20○○카명○○○ 재산명시사건에 관하여, 채무자는 귀원이 20○○.○○.○○ 명한 재산명시명령에 불복이므로 민사집행법 제63조 제1항에 의하여 이의를 신청합니다.(채무자가 명시명령을 받은 날 : 20○○.○○.○○) − 저장

❸ 신청취지 작성 예 : 위 당사자간 ○○지방법원 20○○카명○○○
재산명시명령은 이를 취소한다. 라는 재판을 구합니다.

＊신청원인 작성 예 :

1. 신청인은 본 건에 관한 재산명시명령정본을 20○○. ○○. ○○ 송
달받았습니다.

2. 그런데 신청인인 채무자는 금 10,000,000원의 채무를 집행권원의
확정판결 직후에 전액 변제하여 현재로서는 아무런 채무관계가 존재하
지 않아 이 명시명령을 받을 이유가 없습니다.

3. 따라서 위 재산명시명령은 부당하므로 취소하여 주시기 바랍니다.

－ 저장 － 다음

❹ 소명서류 － 파일첨부 － 이의제기 소명서류 첨부하여 등록. 이의
제기 소명서류는 변제영수증 사본 등이 있다.

❺ 채무자 주민등록표 초본 첨부 － 등록 － 작성완료. － 이하생략.

– 상소권회복신청서

자신의 책임 없는 사유로 법원에 출석하지 못한 상황에서 판결이 선
고되는 사정 등으로 상소제기 기간 내에 상소를 제기하지 못한 경우 그
회복을 청구하는 신청서이다. 판결 선고 사정을 알게 되어 상소를 제기
할 수 있게 된 날로부터 7일 이내에 제기하여야 한다.

❶ 서류제출 – 민사집행서류 – 재산명시/감치 – 부수신청 – 상소권
회복신청서

❷ 상소권회복신청서 입력

위 채무자에 대한 귀원 20○○카명○○○ 사건에 관하여 채무자의 상소권을 회복한다. 라는 재판을 구합니다.

1. 채무자는 20○○.○○.○○ ○○지방법원에서 징역 ○월에 집행유예 ○년의 선고를 받고, 20○○.○○.○○ 항소기간 경과로 그 형이 확정된 바 있습니다.

2. 동일 석방되어 본거지인 ○○시 ○○구 ○○동 ○○번지에 귀가하였는데 그 다음날 갑자기 내리기 시작한 폭우로 교통과 일체의 통신이 두절되어 항소를 제기하려고 백방으로 노력하였으나 불가항력으로 항소기간이 경과되었습니다.

3. 이러한 사실은 이미 신문이나 방송을 통하여 보도된 바 있고 이는 형사소송법 제345조 소정의 자기 또는 대리인이 책임질 수 없는 사유에 해당함이 명백하므로 채무자는 부득이 청구취지와 같은 결정을 구하고자 이 청구에 이르게 되었습니다.

– 임시저장 – 다음 이하 생략.

2. 재산명시/감치 관련문건

1) 재산명시/감치 관련문건

- 재산목록(채무자)

채무자가 재산목록을 제출 시 작성/제출한다.

❶ 서류제출 − 민사집행서류 − 재산명시/감치 − 재산명시/감치관련 문건 − 재산목록(채무자)

❷ 소송서류정보 입력

＊채무자 : 인적사항 작성.

＊재산의 종류 − 소유한 재산에 체크.

만일 재산이 없는 경우 아래쪽 빨간 박스 위 목록 전체 '해당사항 없음'(재산이 전혀 없는 경우 선택하고 위 항목은 선택하지 마세요) 체크. − 임시저장 − 다음 이하 생략.

다음은 채무자를 위한 소송서류정보 입력을 위해 제공되는 안내서의 내용이다.

제1. 절차안내

귀하는 출석요구된 재산명시기일에 별지 양식에 의한 귀하의 재산목록을 작성하여 제출하여야 하며 그 재산목록이 진실함을 선서하여야 합니다. 다만, 귀하가 위 기일에 출석하여 3월 이내에 채무를 변제 할 수 있음을 소명한 때에는 위 기일을 3월의 범위내에서 연기할 수 있고, 그 연기된 기일에서 채무액의 3분의 2 이상을 변제하였음을 증명한 때에는 다시 1월의 범위내에서 연기할 수 있습니다. 소송대리인을 선임한 경우에도 위 기일에는 귀하 본인이 출석하여야 하며, 만일 귀하가 정당한 사유 없이 위 기일에 출석하지 아니하거나 출석하더라도 재산목록의 제출을 거부하거나 제출된 재산목록이 진실하다는 선서를 거부한 때에는 20일 이내의 감치에 처할 수 있고, 거짓의 재산목록을 낸 때에는 3년 이하의 징역 또는 500만원 이하의 벌금에 처할 수 있습니다. 다만, 재산명시기일에 제출한 재산목록에 형식적인 흠이 있거나 불명확한 점이 있는 때에는 위 선서를 한 뒤라도 법원의 허가를 얻어 이미 제출한 재산목록을 정정할 수 있습니다. 법원은 필요한 경우에는 귀하가 작성·제출하는 재산목록의 기재사항에 관하여 참고자료의 제출을 요구할 수도 있습니다.

제2. 재산목록 작성요령

1. 일반적 주의사항

가. 첨부된 재산목록은 만년필이나 볼펜을 이용하거나 컴퓨터 등의 기계적 수단을 이용하는 등의 방법으로 명백하게 해당사항을 기입·작성하여야 합니다.

나. 양식의 해당란이 부족할 때에는 별도의 별지에 기입하고, 양식의 해당란과 귀하가 작성한 별지사이의 관계를 분명하게 표시하여야 합니다.(예: 양식의 해당란에는 "별지 1에기재"라고 표시하고, 별지 1에는 "양식의 1번 항목에 관한것"이라고 부기함)

다. 각 항목에 기재하여야 할 것인지 또는 기재하지 아니할 것인지에 관하여 의문이 있는 때에는 별지를 사용하여 그 사실관계를 가능한 한 상세히 기재하여 주십시오.

라. 별지 재산목록 양식의 Ⅰ의3, Ⅱ 및 Ⅳ의 각 항목에 해당하는 재산으로서 제3자에게 명의 신탁되어 있거나 신탁재산으로 등기 또는 등록이나 명의개서되어 있는 것도 그 재산 및 명의자의 이름·주소·주민등록번호를 기재하여야 합니다.

2. 각 항목의 기재요령

Ⅰ. 동산 이 난의 기재시에는 아래의 설명을 참조하되, 귀하 및 귀하와 같이 사는 친족(사실상 관계에 따른 친족을 포함)의 생활필수품, 일상생활에 필요한 신체보조기구 등, 민사집행법 제195조 소정의 압류금지물은 기재하지 아니하여도 됩니다.(압류금지물의 범위에 관하여는 민사집행법 제195조의 규정을 참조할 것)

1. 현금 : 외화를 포함하여 합계액 50만원 이상인 금전의 총액과 그 보관장소를 기재

2. 어음·수표 : 합계액 50만원 이상의 어음·수표의 발행인, 지급인, 지급기일, 지급지, 액면금, 수량, 보관장소를 종류별로 구분하여 기재할 것. 가액은 액면금액에 의하며, 어음과 수표의 각 액면금이 50만원 이상인 것 외에, 그 합계액이 50만원 이상인 것도 기재할 것(예 : 어음의 액면금은 30만원, 수표의 액면금은 40만원인 경우에도 각각 기재한다)

3. 주권·국채·공채·회사채 등 : 합계약 50만원 이상의 주권·국채·공채·회사채 등의 유가증권의 종류, 발행인,가액, 수량, 만기일, 보관장소를 구분하여 기재할 것. 가액의 산정은 액면금액을 기준으로 하되, 시장가격이 있는 증권의 가액은 이 재산목록을 작성할 당시의 거래가격에 의하여 산정한다. 합계액의 산정방법은 2번 항목의 설명을 참조할 것

4. 금·은·백금류 : 합계액이 50만원 이상의 금·은·백금과 금은제품 및 백금제품을 품명, 중량, 제품의 종류, 가액, 보관장소를 구분하여 기재할 것. 가액의 산정은 이 재산목록 작성 당시의 시가에 의하되, 시가를 알기 어려운 경우에는 취득가액에 의한다. 합계약의 산정방법은 2번 항

목의 설명을 참조할 것.

5. 시계·보석류·골동품·예술품·악기 : 품목당 30만원 이상의 시계·보석류·골동품·예술품·악기를 품명, 크기, 수량, 가액, 보관장소를 구분하여 기재할 것. 가액의 산정은 이 재산목록 작성당시의 시가에 의하되, 시가를 알 수 없는 경우에는 취득가액에 의하며, 품목당 1개의 가격이 30만원 이상인 것을 기재하여야 하므로 여러개의 품목의 합계액이 30만원 이상인 것은 기재하지 아니하여도 됨. 다만, 여러개가 집합되어 하나의 구조물을 이룬 경우(예 : 진주목걸이)에 그 가액이 30만원 이상인 것은 기재할 것.

6. 가사비품(의류·기구·가전제품 등) : 품목당 30만원 이상의 의류·가구·가전제품 등의 가사비품을 품명, 재질, 수량, 가액, 소재장소를 구분하여 기재할 것. 가액의 산정방법은 2번 및 4번 항목의 설명을 참조할 것.

7. 사무가구 : 합계액이 50만원 이상의 사무기구를 종류, 수량, 가액, 소재장소를 구분하여 기재할 것. 가액의 산정방법은 2번 및 4번 항목의 설명을 참조할 것.

8. 가축 및 기계류(농기계를 포함) : 품목당 30만원 이상의 가축과 농기계를 포함한 각종 기계류를 품명, 수량, 가액, 소재장소를 구분하여 기재할 것. 가액의 산정방법은 2번 및 4번 항목의 설명을 참조할 것.

9. 농·축·어업·공업생산품 및 재고상품 : 합계액이 50만원 이상의 농·축·어업생산품(1월안에 수확할 수 있는 과실을 포함한다), 공업생산품과 재고상품을 종류, 수량, 단가, 보관장소를 구분하여 기재할 것. 가액의 산정방법은 2번 및 4번 항목의 설명을 참조할 것.

10. 기타의 동산 : 4번 내지 9번 항목에 해당되지 아니하는 기타의 유체동산으로서 품목당 30만원 이상인 것을 기재하되, 그 기재요령과 가

액의 산정방법은 5번 항목의 설명을 참조할 것

Ⅱ.부동산 및 이에 준하는 권리와 자동차 등 이 난의 기재시에는 아래의 설명을 참조하되, 명의신탁된 재산과 신탁법에 의한 신탁재산을 포함하며, 그러한 재산에 대하여는 신탁을 받은 제3자의 이름·주소·주민등록번호를 아울러 기재하여야 합니다.

11. 부동산 소유권 : 가액의 다과를 불문하고 소유하고 있는 토지와 건물을 소재지, 지목(건물의 경우에는 구조와 용도), 면적, 가액을 구분하여 기재할 것. 가액의 산정방법은 5번 항목의 설명을 참조할 것. 공동소유하고 있는 부동산은 그 소유관계를 표시하고 지분이 있는 경우에는 이를 기재할 것.

12. 용익물권(지상권·전세권·임차권 등) : 부동산의 지상권, 전세권, 임차권을 그 목적 부동산의 소재지, 지목 또는 구조와 용도, 전세금 또는 임차보증금과 차임 및 지료, 목적 부동산의 소유자 등을 구분하여 기재할 것

13. 부동산에 관한 청구권(부동산의 인도청구권·권리이전청구권) : 부동산에 관한 인도청구권과 그에 관한 권리이전청구권(예 : 부동산을 매수하고 대금의 전부 또는 일부를 지급하여 이 재산목록을 작성할 당시 이전등기를 청구할 수 있는 경우)을 그 목적 부동산의 소재지, 종류, 지목 또는 구조와 용도, 계약일자, 대금액, 상대방의 이름·주소를 구분하여 기재할 것

14. 자동차·건설기계·선박·항공기에 관한 권리(소유권, 인도청구권 및 권리이전청구권) : 소유하고 있는 자동차·건설기계·선박·항공기의 종류, 수량, 소재지 또는 보관장소를 구분하여 기재할 것. 자동차·건설기계·선박·항공기의 인도청구권과 그에 관한 권리이전청구권에 관하여는 13번

항목의 설명을 참조하여 기재할 것.

15. 광업권·어업권, 기타 부동산에 관한 규정이 준용되는 권리 및 그에 관한 권리이전청구권 : 광업권·어업권, 그 밖에 부동산에 관한 규정이 준용되는 권리에 관한 사항을 권리의 종류, 광물 또는 어업의 종류(예 : 금, 근해선망어업), 그 권리가 설정된 토지 또는 수면의 위치, 그 권리의 범위를 구분하여 기재할 것. 그에 관한 권리이전청구권에관하여는 13번 항목의 설명을 참조할 것

Ⅲ. 채권 기타 청구권

이 난의 기재시에는 아래의 설명을 참조하되, 법령에 규정된 부양료 및 유족부조료, 병사의 급료 등 민사집행법 제246조 제1항 소정의 압류가 금지되는 채권은 기재하지 아니하여도 됩니다.

16. 정기적으로 받을 보수 및 부양료 : 고용관계 또는 근로관계에 의하여 정기적으로 받을 보수 및 정기적으로 받을 부양료를 보수 또는 부양료의 종류와 금액, 고용관계 또는 근로관계와 부양관계의 성립일자, 고용주 또는 상대방의 이름과 주소(법인인 경우에는 그 명칭과 주된 사무실 소재지), 보수 또는 부양료를 지급받는 일자를 구분하여 기재할 것. 보수 또는 부양료의 다과를 불문한다.

17. 기타의 소득(소득세법상의 소득으로서 16번 항목에 해당하지 아니하는 것) : 소득세의 부과대상이 되는 이자소득·배당소득·사업소득·퇴직소득·양도소득·산림소득 기타의 소득으로서 각 소득의 연간 합계액이 50만원 이상인 소득을 소득의 종류, 금액, 근거 또는 내용을 기재하고,

이자소득·배당소득·퇴직소득의 경우에는 그 상대방의 이름·주소를 아울러 기재할 것. 합계액의 산정방법은 2번 항목의 설명을 참조할 것.

18. 금전채권 : 50만원 이상의 금전채권을 채권의 종류, 근거 또는 내용(예 : 2005. 1. 1.자대여), 금액, 변제기일, 상대방의 이름·주소를 구분하여 기재할 것. 동일 채무자에 대한 금전채권은 개개의 채권액이 50만원에 미달하더라도 그 합계액이 50만원 이상인 때에는 각각의 채권을 기재할 것. 저당권, 유치권, 질권 또는 양도담보 등의 담보물권에 의하여 담보되는 금전채권에 대하여는 그 담보물권의 내용도 아울러 기재할 것.

19. 대체물의 인도채권 : 50만원 이상의 대체물인도채권을 18번 항목의 기재요령에 따라 기재할 것.

20. 예금 및 보험금채권 : 합계액이 50만원 이상의 각종 예금과 보험금이 50만원 이상의 보험계약을 예금 또는 보험계약의 종류, 예금액 또는 보험금액, 예약일자, 계약의 상대방(예탁한 은행 또는 보험계약을 체결한 보험회사)의 명칭과 소재지를 구분하여 기재할 것. 합계액의 산정방법은 2번 항목의 설명을 참조할 것.

21. 기타의 청구권(앞의 3번 내지 9번 항목에 해당하는 동산의 인도청구권, 권리이전청구권 기타의 청구권) : 10번 항목에 해당하는 동산의 인도청구권 또는 그에 관한 권리이전청구권을 목적물의 종류, 수량, 대금액, 근거, 상대방의 이름과 주소를 구분하여 기재할 것(10번 항목의 설명 참조).

Ⅳ. 특허권·회원권 등의 권리

22. 회원권 기타 이에 준하는 권리 및 그 이전청구권 : 권당 가액 30

만원 이상의 회원권, 그 밖에 이에 준하는 권리를 종류, 발행인, 수량, 가액을 구분하여 기재할 것. 그 이전청구권의 경우에는 청구권의 근거와 상대방의 이름·주소를 아울러 기재할 것. 가액의 산정은 4번 및 5번 항목의 설명을 참조할 것.

23. 특허권 및 그 이전청구권 : 각 권리의 종류, 내용, 등록일자를 구분하여 기재할 것. 그 이전청구권에 대하여는 22번 항목의 설명을 참조할 것.

24번 내지 27번 항목 : 위 23번 작성요령과 동일

Ⅴ. 과거의 재산처분에 관한 사항

이 난에는 귀하가 이 법원으로부터 재산명시명령을 송달받은 때로부터 역산하여 1년 이내에 유상양도한 모든 부동산과 같은 기간내에 귀하와 29번 항목 소정의 신분관계에 있는 자에게 유상양도한 부동산 외의 일체의 재산, 재산명시명령을 송달받은 때로부터 역산하여 2년 이내에 대가를 받지 아니하고 무상처분한 재산(다만, 의례적인 선물을 제외한다) 일체를 양식에 따라 기재하여야 하며, 기재할 때에는재산목록 뒷장 내역에 재산의 표시, 거래내역, 유상양도 또는 무상처분을 받은 사람의 이름·주소·주민등록번호, 채무자와의 관계를 적어야 합니다.

Ⅵ. 기 타

이 난에는 법원이 범위를 정하여 적을 것을 명한 재산을 기재하여야 합니다.

제3. 작성례

○ 앞면

번호	구 분	재산의 종류
1	동 산	□ 1.현금 ☑ 2.어음·수표 □ 3.주권·국채·공채·회사채 등 □ 4.금·은·백금류 □ 5.시계·보석류·골동품·예술품·악기 ☑ 6.가사비품(의류·가구·가전제품 등) □ 7.사무기구 □ 8.가축 및 기계류(농기계를 포함) □ 9.농·축·어업·공업생산품 및 재고상품 □ 10.기타의 동산

○ 뒷면

재산의 종류	내 역	재산의 종류	내 역
2. 약속어음	액면금 : 1,000만원 어음번호 : 자가13729○○○ 발행지 및 지급지 : 서울 발행인 : ○○○ 발행일 : 200○.○○.○○. 지급기일 : 200○.○○.○○. 발행지 및 지급지 : (주)○○은행 보관장소 : 본인소지	6. 가사비품	품명 : 디지털카메라(ALPHA-7) 재질 : 알루미늄 수량 : 1대 가액 : 60만원 소재장소 : 거실

-재산목록정정허가 신청서

민사집행법 제66조(재산목록의 정정) ①채무자는 명시기일에 제출한 재산목록에 형식적인 흠이 있거나 불명확한 점이 있는 때에는 제65조의 규정에 의한 선서를 한 뒤라도 법원의 허가를 얻어 이미 제출한 재산목록을 정정할 수 있다. 그러나 이미 제출한 재산목록에 기재되어 있지 아니한 재산을 추가로 기재하는 것은 정정의 범위를 넘어서는 것으로서 허용되지 아니한다고 할 것이다.

법원의 허가를 구하는 신청에는 재산목록의 형식적인 흠이나 불명확한 점을 밝히고 이를 정정하는 취지와 함께 법원의 허가를 구하는 취지의 진술이 포함되어야 할 것이다.

[전산양식 A542] 재산목록

사건 :	카명

재 산 목 록

채무자	성 명		주민등록번호	-
	주 소			

아래 재산의 종류 해당란에 ☑ 표시를 하고, 별첨 작성요령에 따라 뒷장에 그 내역을 기재하시기 바랍니다.

번호	구 분	재산의 종류
Ⅰ	동 산	☐ 1.현금 ☐ 2.어음·수표 ☐ 3.주권·국채·공채·회사채 등 ☐ 4.금·은·백금류 ☐ 5.시계·보석류·골동품·예술품·악기 ☐ 6.가사비품(의류·가구·가전제품 등) ☐ 7.사무기구 ☐ 8.가축 및 기계류(농기계를 포함) ☐ 9.농·축·어업·공업생산품 및 재고상품 ☐ 10.기타의 동산
Ⅱ	부동산 및 이에 준하는 권리와 자동차 등	☐ 11.부동산 소유권 ☐ 12.용익물권(지상권, 전세권, 임차권 등) ☐ 13.부동산에 관한 청구권(부동산의 인도청구권·권리이전청구권) ☐ 14.자동차·건설기계·선박·항공기에 관한 권리(소유권, 인도청구권 및 권리이전청구권) ☐ 15.광업권·어업권 기타 부동산에 관한 규정이 준용되는 권리 및 그에 관한 권리이전청구권
Ⅲ	채권 기타의 청구권	☐ 16.정기적으로 받을 보수 및 부양료 ☐ 17.기타의 소득(소득세법상의 소득으로서 16번 항목에 해당하지 아니하는 것) ☐ 18.금전채권 ☐ 19.대체물의 인도채권 ☐ 20.예금 및 보험금 채권 ☐ 21.기타의 청구권(앞의 3번 내지 9번 항목에 해당하는 동산의 인도청구권, 권리이전청구권 기타의 청구권)
Ⅳ	특허권·회원권 등의 권리	☐ 22.회원권 기타 이에 준하는 권리 및 그 이전청구권 ☐ 23.특허권 및 그 이전청구권 ☐ 24.상표권 및 그 이전청구권 ☐ 25.저작권 및 그 이전청구권 ☐ 26.의장권·실용신안권 및 그 이전청구권 ☐ 27.기타(특허권·상표권·저작권·의장권·실용신안권에 준하는 권리 및 그 이전청구권)
Ⅴ	과거의 재산처분에 관한 사항	☐ 28.재산명시명령이 송달되기 전 1년 이내에 유상 양도한 부동산 ☐ 29.재산명시명령이 송달되기 전 1년 이내에 배우자, 직계혈족 및 4촌이내의 방계혈족과 그 배우자, 배우자의 직계혈족과 형제자매에게 유상 양도한 부동산 외의 재산 ☐ 30.재산명시명령이 송달되기 전 2년 이내에 무상 처분한 재산(의례적인 선물을 제외한다)
Ⅵ	기 타	☐ ☐

☐ 위 목록 전체 "해당사항 없음"

재산의 종류	내 역	재산의 종류	내 역

본인의 양심에 따라 사실대로 이 재산목록을 작성하여 제출합니다.

(채무자)   ㉔

서울중앙지방법원 귀중

※재산목록을 제출할 때에는 첫장부터 마지막장까지 및 별지를 사용할 경우에는 그 별지를 재산목록 양식에 합석하여 간인하여 주시기 바랍니다

선서

양심에 따라 사실대로

재산목록을 작성하여 제출하였으며

만일 숨긴 것이나 거짓 작성한 것이 있으면

처벌을 받기로

맹세합니다.

(채무자)   ㊞

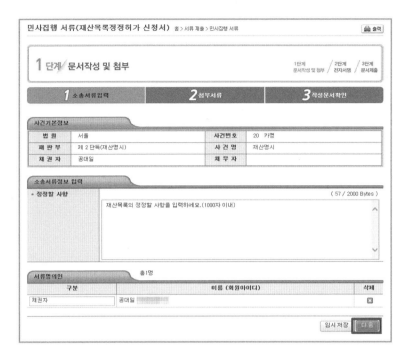

❶ 서류제출 – 민사집행서류 – 재산명시/감치 – 재산명시/감치 관련 문건– 재산목록정정허가 신청서

❷ 소송서류정보 입력

＊정정할 사항 : 정정하는 내용 작성 후 임시저장 – 다음 이하 생략.

– 참고자료

참고자료가 따로 있는 경우 컴퓨터로 따로 작성하여 첨부파일로 등록하여야 한다.

❶ 서류제출 - 민사집행서류 - 재산명시/감치 - 재산명시/감치 관련 문건 - 참고자료

❷ 첨부서류 제출 : 파일첨부하여 등록 - 임시저장 - 작성완료 이하 생략.

– 보정서

❶ 서류제출 - 민사집행서류 - 재산명시/감치 - 재산명시/감치 관련 문건 - 보정서

＊재산조회/채무불이행자명부 - 재산조회/채무불이행자명부 관련문 건 - 보정서를 참조하여 작성한다.

– 주소보정서

❶ 서류제출 - 민사집행서류 - 재산명시/감치 - 재산명시/감치 관련 문건 - 주소보정서

＊민사집행서류 - 채권압류 등 - 채권압류등 관련문건 - 주소보정 서(특별송달,공시송달,재송달신청)를 참조하여 작성한다.

– 야간특별송달허가신청서

피고인 또는 채무자의 주소가 확실함에도 주간에 근무 등으로 사람이 없어 폐문부재 등의 사유로 송달 불능인 경우 야간에 송달하도록 법원에 야간특별송달허가신청서를 제출할 수 있다.

❶ 서류제출 – 민사집행서류 – 재산명시/감치 – 재산명시/감치 관련 문건 – 야간특별송달허가신청서

❷ 야간특별송달허가신청서 입력 : 신청서 작성란이 따로 없으므로 야간특별송달허가신청서를 따로 작성하여 첨부하여야 한다. 야간특별송달허가신청서 양식은 다음과 같다.

야간특별송달신청

사　　건　　20○○ 카명 ○○○○　　　　　대여금

원　　고 (채 권 자)　　김 채 권

피　　고 (채 무 자)　　박 채 무

　　위 사건에 관하여 채무자 김채무에 관한 송달은 그의 주소지에 송달을 하였으나 폐문 부재로 송달되지 않았으므로, 야간특별송달을 하도록 허가하여 주시기 바랍니다.

첨부자료

　피고(채무자)의 주민등록초본　　　1통.

　　　　　　　　　　20○○.○○.○○.

　　　　　　　　　　　　　　　　위 원고　**김 채 권** (인)

　○○지 방 법 원　　귀 중

- 신청취하서

채권자에 의한 신청취하는 간단하다.

❶ 제출서류 - 민사집행서류 - 재산명시/감치 - 재산명시/감치 관련
문건 - 신청취하서

❷ 신청취하서 :

신청취지 작성 예

신청인 ㅇㅇㅇ는(은) 사건신청을 전부 취하합니다. -다음 이하 생략.

- 즉시항고장/특별항고장

항고의 종류는 크게 즉시항고와 특별항고로 나뉜다. 특별항고의 경우는 일반적인 절차로 불복신청을 할 수 없는 특별한 경우에만 대법원에 제기한다. 즉시항고장과 특별항고장의 제출양식은 동일하다. 원심사건을 전자소송으로 진행하지 않은 당사자는 전자문서로 즉시항고장을 제출할 수 없다(항고인으로 선택 불가). 즉 종이소송에서 전자소송으로 전환한 경우 전자문서로 즉시항고장을 제출할 수 없다.

*즉시항고장

법원이 판결한 결정문에 대해 이의가 있는 경우 변경 또는 취하를 요청하는 내용이다. 즉시항고의 경우에는 민사의 경우 일주일, 형사의 경우 3일 이내로 신청하여야 한다. 즉시항고는 집행을 정지하는 효력이 있다.

채무자가 정당한 사유 없이 1.명시기일 불출석 2. 재산목록제출거부 3. 선서거부 중 하나에 해당하는 행위를 한 경우에는 법원은 결정으로 20일 이내의 감치에 처한다. 이 결정에 대하여는 즉시항고를 할 수 있다.(민사집행법 제68조 제4항)

채무자는 감치결정(재판)을 고지 받은 날부터 1주의 불변기간 이내에 항고장을 원심법원에 제출하여야 한다.(민사집행법 제15조 제2항)

채무자가 즉시항고를 하더라도 집행정지의 효력을 가지지 아니한다. 다만, 항고법원(재판기록이 원심법원에 남아 있는 때에는 원심법원)은 즉시항고에 대한 결정이 있을 때까지 담보를 제공하게 하거나 담보를 제공하게 하지 아니하고 원심재판의 집행을 정지하거나 집행절차의 전부 또는 일부를 정지하도록 명할 수 있고, 담보를 제공하게 하고 그 집행을

계속하도록 명할 수 있다.(민사집행법 제15조 6항)

*특별항고장

특별항고의 사유로는 재판에 영향을 미친 헌법 위반이 있는 경우 또는 재판의 전제가 된 명령, 규칙, 처분의 헌법 또는 법률의 위반 여부에 대한 판단이 부당한 경우가 있다.

즉시항고와 마찬가지로 재판이 고지된 날부터 1주의 불변기간 이내에 제출해야 한다.

항고법원 또는 원심법원이나 판사는 항고에 대한 결정이 있을 때까지 원심 재판의 집행을 정지하거나 그 밖에 필요한 처분을 명할 수 있다.(민사소송법 제448조)

❶ 제출서류 – 민사집행서류 – 재산명시/감치 – 재산명시/감치 관련 문건 – 즉시항고장 또는 특별항고장

❷ 항고인/상대방 선택 : 항고인과 상대방을 선택한다.

❸ 항고장 정보입력

*항고내용 작성 예 : 위 사건에 대하여 ○○지방법원에서 ○○○○○에 내려진 ○○○○○결정에 대하여 불복하므로 항고를 제기합니다.

*원결정의 표시 : 원 결정의 내용을 그대로 옮겨 작성한다.

*항고취지 작성 예 : 원 결정을 취소하고 다시 상당한 재판을 구합니다.

*항고이유 작성 : 항고의 이유를 순서대로 작성한다. 마지막 문장에 '~이에 불복하여 항고합니다.'를 덧붙인다. – 임시저장 – 다음 이하 생략.

–사실조회신청서

❶ 서류제출 – 민사집행서류 – 재산명시/감치 – 재산명시/감치 – 사실조회신청서

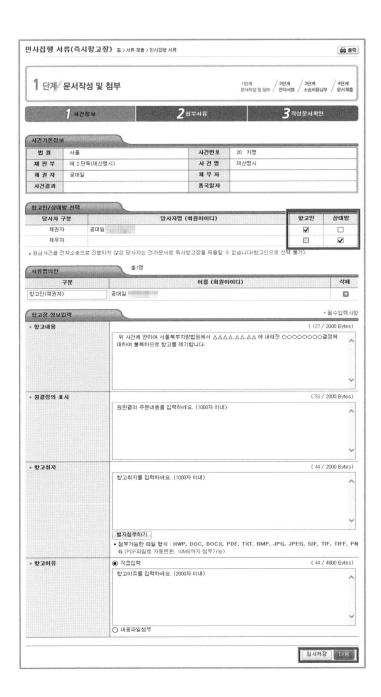

민사집행 서류(즉시항고장) 홈 > 서류 제출 > 민사집행 서류   🖨 출력

1 단계 / 문서작성 및 첨부

1단계 문서작성 및 첨부 / 2단계 전자서명 / 3단계 소송비용납부 / 4단계 문서제출

1 사건정보   **2** 첨부서류   **3** 작성문서확인

사건기본정보

법 원	서울	사건번호	20 카명
재 판 부	제 2 단독(재산명시)	사 건 명	재산명시
채 권 자	공대일	채 무 자	
사건결과		종국일자	

항고인/상대방 선택

당사자 구분	당사자명 (회원아이디)	항고인	상대방
채권자	공대일	☑	☐
채무자		☐	☑

➤ 원심사건을 전자소송으로 진행하지 않은 당사자는 전자문서로 즉시항고장을 제출할 수 없습니다(항고인으로 선택 불가).

서류명의인
총1명

구분	이름 (회원아이디)	삭제
항고인(채권자)	공대일	❌

항고장 정보입력
* 필수입력사항

＊ 항고내용
(127 / 2000 Bytes)

> 위 사건에 관하여 서울북부지방법원에서 △△△△.△△.△△ 에 내려진 ○○○○○○○○결정에
> 대하여 불복하므로 항고를 제기합니다.

＊ 원결정의 표시
(53 / 2000 Bytes)

> 원판결의 주문내용을 입력하세요. (1000자 이내)

＊ 항고취지
(44 / 2000 Bytes)

> 항고취지를 입력하세요. (1000자 이내)

[별지첨부하기]
• 첨부가능한 파일 형식 : HWP, DOC, DOCX, PDF, TXT, BMP, JPG, JPEG, GIF, TIF, TIFF, PN
G (PDF파일로 자동변환, 10MB까지 첨부가능)

＊ 항고이유
◉ 직접입력
(44 / 4000 Bytes)

> 항고이유를 입력하세요. (2000자 이내)

○ 내용파일첨부

[임시저장] [다음]

169

＊민사서류 – 민사본안 – 사실조회신청서를 참조하여 작성한다.

– **위임장**

대리인을 정하여 권한을 위임하고자 할 때 사용한다.

❶ 서류제출 – 민사집행서류 – 재산명시/감치 – 재산명시/감치 관련 문건 – 위임장

❷ 위임장 입력

작성 란이 따로 없으므로 위임장 양식에 맞추어 컴퓨터 등으로 작성하여 파일로 첨부해야 한다. 양식은 다음과 같다. – 임시저장 – 다음 이하 생략.

〈예시〉

```
┌─────────────────────────────────────────────────────────┐
│                         위임장                          │
│   사 건 번 호 :                                          │
│   성     명 :                                           │
│   주민등록번호:                                         │
│   전 화 번 호 :                                          │
│                                                         │
│   위 사람을 대리인으로 정하고 다음의 서류를 제출할 것을 위임합니다.   │
│                                                         │
│                      다    음                           │
│                                                         │
│           1. 재산명시신청서                              │
│                                                         │
│           20○○. ○○. ○○.                              │
│                                                         │
│                           위임인 : 공 대 일 (인)         │
└─────────────────────────────────────────────────────────┘
```

- 송달장소 및 송달영수인 신고서

소장은 송달 시에 주소지로 송달하게 되어있다. 그러나 해당 주소지에 송달이 안 될 경우에 송달 장소를 다른 곳으로 신고하여 송달이 되면 적법한 송달이 되고, 소송당사자 본인이 소장을 송달 받아야 하나 부재 중인 경우 소송 당사자를 대신해서 서류를 수령할 수 있는 사람으로 신고하면 송달영수인이 된다.

❶ 서류제출 - 민사집행서류 - 재산명시/감치 - 재산명시/감치 관련 문건 - 송달장소 및 송달영수인 신고서

❷ 송달장소와 송달영수인 선정신고 기본정보

＊송달영수인 아이디 작성 : 회원아이디확인

＊송달장소 : 우편번호 찾기를 클릭하여 작성 - 임시저장 - 다음 이하 생략.

- 기타

이 메뉴는 주의하여야 한다. '기타'는 제출하고자 하는 문서명이 서류
제출 메뉴에 없는 경우에만 이용하여야 한다. 만약 제출하고자 하는 문
서명이 서류제출 메뉴에 있음에도 '기타'를 통해 문서를 제출하면 절차적
으로 불이익을 받을 수 있다. 문서명은 '서류제출'에서 '서류명'검색창에
서 조회할 수 있다.

❶ 서류제출 - 민사집행서류 - 재산명시/감치 - 재산명시/감치 관련
문건 - 기타

❷ 기타 입력 : 제출할 서류를 준비하여 서류명을 작성하고 파일을 첨

부한다. - 임시저장 - 다음 이하 생략.

– 개인정보정정신청서

❶ 서류제출 – 민사집행서류 – 재산명시/감치 – 재산명시/감치 관련 문건 – 개인정보정정신청서

＊민사서류 – 지급명령(독촉)신청 – 지급명령 당사자 관련 – 개인정보정정신청서를 참조하여 작성한다.

– 송달료 예납처리 신청서

❶ 서류제출 – 민사집행서류 – 재산명시/감치 – 재산명시/감치 관련 문건 – 송달료 예납처리 신청서

＊민사서류 – 지급명령(독촉)신청 – 지급명령 보정서/송달 관련 – 송달료 예납처리 신청서를 참조하여 작성한다.

– 강제집행정지(취소)신청서

강제집행 정지 또는 취소신청을 할 때 작성/제출한다.

❶ 서류제출 – 민사집행서류 – 재산명시/감치 – 재산명시/감치 관련 문건 – 강제집행정지(취소)신청서

❷ 강제집행정지(취소)신청서 입력 : 작성란이 따로 없으므로 위임장 양식에 맞추어 컴퓨터 등으로 작성하여 파일로 첨부해야 한다. 양식은 다음과 같다. – 임시저장 – 다음 이하 생략.

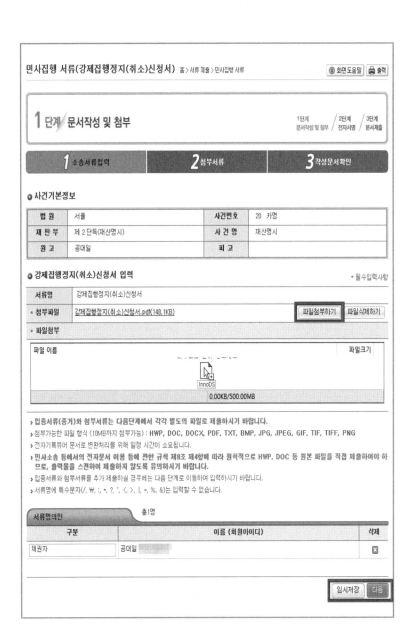

민사집행 서류(강제집행정지(취소)신청서) 홈 > 서류 제출 > 민사집행 서류   ① 화면도움말 🖨 출력

1단계 문서작성 및 첨부

1단계 문서작성 및 첨부 / 2단계 전자서명 / 3단계 문서제출

1 소송서류입력   **2** 첨부서류   **3** 작성문서확인

● 사건기본정보

법 원	서울	사건번호	20 카명
재 판 부	제 2 단독(재산명시)	사 건 명	재산명시
원 고	공대일	피 고	

● 강제집행정지(취소)신청서 입력
* 필수입력사항

서류명	강제집행정지(취소)신청서		
* 첨부파일	강제집행정지(취소)신청서.pdf(148.1KB)	파일첨부하기	파일삭제하기

* 파일첨부

파일 이름	파일크기
InnoDS	

0.00KB/500.00MB

› 입증서류(증거)와 첨부서류는 다음단계에서 각각 별도의 파일로 제출하시기 바랍니다.
› 첨부가능한 파일 형식(10MB까지 첨부가능) : HWP, DOC, DOCX, PDF, TXT, BMP, JPG, JPEG, GIF, TIF, TIFF, PNG
› 전자기록뷰어 문서로 변환처리를 위해 일정 시간이 소요됩니다.
› 민사소송 등에서의 전자문서 이용 등에 관한 규칙 제8조 제4항에 따라 원칙적으로 HWP, DOC 등 원본 파일을 직접 제출하여야 하므로, 출력물을 스캔하여 제출하지 않도록 유의하시기 바랍니다.
› 입증서류와 첨부서류를 추가 제출하실 경우에는 다음 단계로 이동하여 입력하시기 바랍니다.
› 서류명에 특수문자(/, ₩, :, *, ?, ", <, >, |, =, %, &)는 입력할 수 없습니다.

서류명의인   총1명

구분	이름 (회원아이디)	삭제
채권자	공대일	☒

임시저장   다음

175

강제집행정지결정 신청서

신 청 인   (이름)
            (주소)
            (연락처)
피신청인   (이름)

신 청 취 지

위 당사자간 ○○지방법원 ○○지원 ○○청구사건의 가집행선고가 있는 판결에 의하여 한 강제집행은 본안판결의 확정시까지 이를 정지한다.
라는 재판을 구합니다.

신 청 이 유

○○지방법원은 위 당사자간 ○○○○사건에 있어서 20○○. ○○. ○○. 신청인 패소의 가집행선고 판결을 하고, 피신청인은 집행력있는 정본에 기하여 20○○. ○○. ○○. 신청인 소유의 부동산에 대하여 집행 중에 있습니다. 그러나 신청인은 위 판결에 불복하므로 20○○. ○○. ○○. ○○○○법원에 항소를 제기하고 이 건 신청을 하기에 이르렀습니다.

소 명 방 법
1. 항소장 접수증명원 1통

20 . . .

신청인   (날인 또는 서명)

○○지방법원 귀중

- 기일변경(연기)신청서

변론(준비)기일에 출석할 수 없는 사유 발생 시 기일을 변경하기 위하여 신청한다.

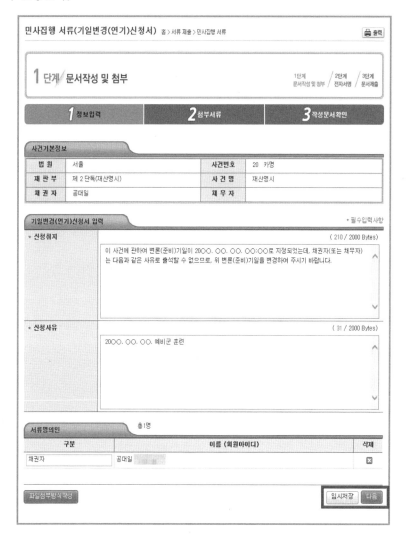

❶ 서류제출 – 민사집행서류 – 재산명시/감치 – 재산명시/감치 관련 문건 – 기일변경(연기)신청서

❷ 기일변경(연기)신청서 입력

신청취지 작성 예

이 사건에 관하여 변론(준비)기일이 20○○.○○.○ 00:00로 지정되었는데, 채권자(또는 채무자)는 다음과 같은 사유로 출석할 수 없으므로, 위 변론(준비)기일을 변경하여 주시기 바랍니다.

신청취지 작성 예

20○○. ○○. ○○. 예비군 훈련 – 임시저장 – 다음 이하 생략.

1. 재산조회/채무불이행자명부

주신청

– 재산조회신청서

채권자가 채무자에 대하여 재산명시절차를 거쳤으나 ①명시기일 불출석 ②재산목록 제출거부 ③선서 거부 ④거짓 재산목록 제출 ⑤집행채권의 만족을 얻기에 부족 등의 사유가 있는 경우에 최초 재산명시절차를 실시했던 법원에 재산조회 신청을 할 수 있다. 개인의 재산 또는 신용에 관한 전산망을 관리하는 공공, 금융기관 등에 채무자 명의로 되어 있는 재산에 대해 조회하고자 할 때 작성/제출한다. 재산명시절차에서 채무자의 주소, 사무소, 근무장소 등을 알 수 없어 주소를 보정하지 못하고 송달하지 못한 경우 재산명시절차는 각하되나 재산조회는 신청할 수 있다.

채권자가 재산조회신청서에 은행 등 재산조회 대상기관을 구체적으로 특정하고, 조회비용과 송달료를 지불하면 담당재판부는 요건 등을 심리 후 '이유 있음'의 판단을 하면 대상 기관에 조회명령을 실시한다. 조회비용은 조회대상에 따라 금융기관, 보험사업자는 5천 원, 부동산(법원행정처, 건설교통부)·특허권은 2만 원 등으로 책정된다. 재산조회 기간은 조회신청일로부터 통상 1개월 정도 걸린다.

❶ 서류제출 – 서류제출 – 민사집행서류 – 재산조회/채무불이행자 명부 – 주신청 – 재산조회신청서

❷ 사건기본정보

＊불이행 채권액 : 집행권원상의 채무전액을 입력한다.

＊비용환급용 예금계좌 : 비용환급 받을 은행을 선택하고, 계좌번호와 예금주명을 입력한다.

＊집행권원내용 작성 예 :

– 판결문인 경우 :

1. ○○지방법원 20○○가○○○○호 사건에 대하여 ○○○○년 ○○월 ○○일 선고한 판결정본 또는 이행권고결정정본

– 공정증서인 경우 :

공증인, 법무법인 또는 공증인가 합동법률사무소 작성 ○○년 증제 ○○○○호 공정증서 정본

❸ 신청취지 및 이유

＊신청취지 작성 예 : 위 기관의 장에게 채무자 명의의 위 재산에 대하여 조회를 실시한다.

＊신청위유 작성 예 : 채권자는 주소불명으로 인하여 명시절차를 거치지 못한 사유로 민사집행법 제74조 제1항의 규정에 의하여 채무자에 대한 재산조회를 신청합니다.

❹ 재산조회 입력

파란색 글씨로 된 당사자명을 클릭한다. 아래와 같이 조회대상재산의 종류와 구분이 표시된다. 조회대상 재산을 모두 체크하고 아래에 저장버

튼을 클릭한다. – 저장 – 다음 이하 생략.

＊첨부파일은 집행권원이 되는 판결정본 등의 서류와 채무자의 주민
등록표 초본을 첨부한다.

2. 채무불이행자명부등재신청 – 채무자를 강하게 압박해보자

– 채무불이행자명부등재신청서

채무불이행자명부등재 제도는 채무자가 약속한 날짜에 돈을 갚지 않았다고 해서 바로 신청할 수 있는 것이 아니고, 집행권원이 확정되거나 작성된 후 6개월 이내 채무를 이행하지 않았을 때 신청할 수 있다. 확정판결, 공정증서, 화해 및 인낙조서 등의 집행권원이 필요하다. 채무불이행 외에도 재산명시기일 불출석 및 재산목록 제출 거부, 선서 거부를 이유로 등재를 신청할 수 있는데 이때는 명시기일조서 등본을 함께 제출해야 한다. 채무자가 거짓재산목록을 제출했을 때도 등재를 신청할 수 있다. 유죄판결, 불기소처분, 수사결과통지서 등을 함께 제출해야 한다.

채무불이행자명부에 등재되면 채무자가 채무불이행 또는 재산명시절차에서 감치 또는 처벌 대상이 되는 행위를 하였다는 사항을 법원의 재판에 의하여 등재하고, 이를 누구든지 열람, 복사할 수 있다. 채무자는 명부 등재 후 본인 명의의 통장은 계속 사용이 가능하지만, 신용카드 개설, 핸드폰 개통, 대출 등 신용거래에 제한을 받게 되는 사실상 금융신용불량자가 된다. 법원은 명부에 등재된 연도 종결 후 10년이 경과한 때에는 직권으로 그 등재를 말소하는 결정을 해야 한다. 채권자는 이 제도로 채무자를 채무자의 신용정보를 대외적으로 공지하게 된다. 실질적으로 채무변제에 도움이 되는 실익은 없으나 직·간접적으로 채무자를 압박할 수 있다.

1 단계 / 문서작성

1단계 문서작성 / 2단계 전자서명 / 3단계 소송비용납부 / 4단계 문서제출

1 사건기본정보   **2** 소명/첨부서류   **3** 작성문서확인

사건기본정보
* 필수입력사항

* 사건명	채무불이행자명부등재
* 불이행 금전채무액	10,000,000 원 (일천만) 원 (집행권원상의 채무전액)
* 집행권원의 표시	(67 / 2000 Bytes) 위 당사자간 귀원 20○○가소○○○ 대여금사건의 집행력 있는 판결정본
* 제출법원	서울북부지방법원 ▼ 관할법원 찾기
* 관련사건	법원선택 선 택 ▼ 사건번호 선 택 ▼ 선 택 ▼ ☑ 관련사건이 없는 경우(예: 집행권원이 공정증서인 경우) 체크하세요.

저장

당사자목록
채권자 1명 / 채무자 1명   당사자입력

당사자 구분	당사자명 (회원아이디)	대표자	알림서비스	삭제
채권자 1	공대일		설정	☒
채무자 1	김채무		-	☒

집행권원목록
집행권원입력

발급법원	집행권원 발급번호	집행권원 서류명	파일명	서류명 변경	삭제
조회결과가 존재하지 않습니다.					

신청취지 및 이유
* 필수입력사항

* 신청취지	(59 / 4000 Bytes) 채무자를 채무불이행자명부에 등재한다. 라는 재판을 구합니다. 신청취지별지 첨부하기 • 첨부가능한 파일 형식 : HWP, DOC, DOCX, PDF, TXT, BMP, JPG, JPEG, GIF, TIF, TIFF, PNG (PDF파일로 자동변환, 10MB까지 첨부가능)
* 신청이유	● 직접입력 (254 / 4000 Bytes) 1. 채권자는 채무자에 대하여 위와 같은 집행권원을 가지고 있으며, 위 판결은 20○○. ○. ○○.에 확정되었는 바, 그 후 6개월이 지나도록 채무자가 위 채무를 이행하지 아니하고 있습니다. 2. 그러므로 신청취지 기재와 같은 재판을 구하기 위하여 이 사건신청을 합니다. ○ 내용파일첨부 첨부하기 • 첨부가능한 파일 형식 : HWP, DOC, DOCX, PDF, TXT, BMP, JPG, JPEG, GIF, TIF, TIFF, PNG (PDF파일로 자동변환, 10MB까지 첨부가능) 신청이유는 신청취지를 뒷받침하는 주장사실만을 기재하여 작성하시고, 신청이유 이외 다른 기재내용은 첨부되지 않도록 하여 주시기 바랍니다.

저장   다음

❶ 서류제출 – 민사집행서류 – 재산조회/채무불이행자명부 – 주신청 – 채무불이행자명부등재신청서

❷ 사건기본정보

＊불이행 금전채무액 : 집행권원상의 채무전액을 입력한다.

＊집행권원의 표시 : 위 당사자간 귀원 20○○가소○○○ 대여금사건의 집행력 있는 판결정본

＊제출법원 : 채무불이행을 사유로 신청하는 경우에는 보통재판적 소재지 법원에, 재산명시와 관련하여 등재신청하는 경우에는 재산명시절차를 진행했던 법원을 관할법원으로 한다. 채무자에게 심문서 등이 송달되지 않는다면 공시송달을 이용하여 송달을 완료할 수 있다.

＊관련사건 : 관련사건의 법원과 사건번호를 입력한다. 관련사건이 없는 경우에는 체크한다. 집행권원목록은 '재산명시신청서'의 작성방법과 동일하므로 참고하여 작성한다.

❸ 집행권원목록

'재산명시신청서'의 작성방법과 동일하므로 참고하여 작성한다.

❹ 신청취지 및 이유

신청취지 작성 예

채무자를 채무불이행자명부에 등재한다. 라는 재판을 구합니다.

신청취지 작성 예

1. 채권자는 채무자에 대하여 위와 같은 집행권원을 가지고 있으며, 위 판결은 20○○. ○. ○○.에 확정되었는바, 그 후 6개월이 지나도록 채무자가 위 채무를 이행하지 아니하고 있습니다.
2. 그러므로 신청취지 기재와 같은 재판을 구하기 위하여 이 사건신청을 합니다.
–저장 – 다음 이하 생략.

＊첨부파일은 집행권원이 되는 판결정본 등의 서류와 채무자의 주민등록표 초본을 첨부한다.

3. 명부등재말소(채무자)신청 – 채무자가 명부등재말소 신청 할 때

부수신청

– 명부등재말소(채무자)신청

채무자가 채무불이행자명부 등재 말소 신청을 할 때 신청한다.

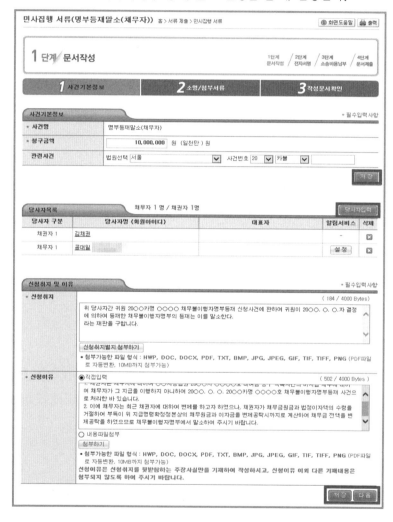

❶ 서류제출 – 민사집행서류 – 재산조회/채무불이행자명부 – 부수
신청 – 명부등재말소(채무자)신청

❷ 사건기본정보

＊청구금액 : 입력

❸ 당사자목록 작성

❹ 신청취지 및 이유

신청취지 작성 예

위 당사자간 위원 20○○카불○○○○ 채무불이행자등재 신청사건에 관
하여 귀원이 20○○.○○.○○자 결정에 의하여 등재한 채무불이행자명
부의 등재는 이를 말소한다. 라는 재판을 구합니다.

신청이유 작성 예

1. 채권자는 채무자에 대하여 ○○지방법원 20○○차 ○○○○호 대여금
   청구 독촉사건의 미지급 채무에 대하여 채무자가 그 지급을 이행하지
   아니하여 20○○. ○. ○. 20○○카불 ○○○○호 채무불이행자명부등
   재 사건으로 처리한 바 있습니다.
2. 이에 채무자는 최근 채권자에 대하여 변제를 하고자 하였으나, 채권자
   가 채무금원금과 법정이자액의 수령을 거절하여 부득이 위 지급명령
   확정정본상의 채무원금과 이자금을 변제공탁시까지로 계산하여 채무
   금 전액을 변제공탁을 하였으므로 채무불이행자명부에서 말소하여 주
   시기 바랍니다. – 저장 – 다음 이하 생략.

3.재산조회/채무불이행자명부 관련문건

재산조회/채무불이행자명부 관련문건

- 보정서

보정명령은 무슨 내용으로 나오게 될지 알 수 없다. 제출한 서류의 내용이 다소 미비하다고 생각되는 경우에도 그대로 진행되는 경우가 있는가 하면, 완벽하게 작성하여 제출했다고 생각했는데 의외로 보정명령이 나오는 경우가 있다. 보정서를 제출하여 사건을 진행하면 되지만 그만큼 시간이 지연되기 때문에 채무자에게 시간을 벌어주게 된다. 때문에 보정명령을 받았더라도 추가로 보정명령을 받지 않도록 최대한 흠결사항을 정확히 보정하여 제출해야 한다. 보정명령을 받았으나 해당 내용이 정확하게 이해되지 않는 경우 재판부에 전화하여 물어본 후 진행하도록 한다.

〈보정명령 예시〉

예를 들어 다음과 같은 보정명령을 받았다면 한글 프로그램 등을 이용하여 보정을 명받은 사항과 보정한 사항, 첨부서류 목록 등을 작성하여 파일로 첨부하여 제출한다.

서 울 ■■■ 지 방 법 원
보 정 명 령

사　건　20■■카불 ■■■■■ 채무불이행자명부등재

채　권　자　공대일

채　무　자　■■■■

[채권자 공대일 (귀하)]

채권자는 이 명령이 송달된 날로부터 14일 안에 흠결사항을 보정하시기 바랍니다.

흠 결 사 항

1. 아래 채무자의 최근 20■■ ■ ■■ 이후 발급된 주민등록표 초본을 제출하시기 바랍니다. (주민등록번호와 주소변동내역이 모두 기재된 것으로 제출요망)

채무자 : ■■■

주민등록번호 : ■■■■■■■■■■■

주　소 : ■■■■■■■■■■■■■■■■■■■■■

2. 이 사건 집행권원을 출력하면, 각 장이 잘 보이지 않습니다. 채권자는 집행권원 사본 전부를 다시 제출하시기 바랍니다.

3. 송달료 2만 원을 추납하시기 바랍니다.

20■■ ■■■

사 법 보 좌 관　■■■■

※ 보정기간내에 보정하지 않으시면 신청서가 각하될 수 있습니다.

보 정 서

사 건　20■■카불 ■■■■■ 채무불이행자명부등재

채권자　공대일■■■■■■

채무자　■■■■■■■■

보정을 명받은 사항

1. 아래 채무자의 최근 20■■ ■ ■■ 이후 발급된 주민등록표 초본을 제출하시기 바랍니다. (주민등록번호와 주소변동내역이 모두 기재된 것으로 제출요망)

채무자 : ■■■

주민등록번호 : ■■■■■■■■■■

주　소 : ■■■ ■ ■■■■■■■■ ■■■■■■

2. 이 사건 집행권원을 출력하면, 각 장이 잘 보이지 않습니다. 채권자는 집행권원 사본 전부를 다시 제출하시기 바랍니다.

3. 송달료 2만 원을 추납하시기 바랍니다.

보정한 사항

1. 20■■ ■■■ 이후인 20■■ ■ ■■ 에 발급된 채무자의 주민등록표 초본을 제출합니다. (주민등록번호와 주소변동내역이 모두 기재되었음.)

2. 집행권원 정본 전부가 20■■타채 ■■■■■ 사건에 사용 중인 바, 집행권원 전부를 새로 발급받은 집행권원의 사본 전부를 제출합니다.

3. 송달료 2만 원을 추납한 납부확인서를 제출합니다.

첨부서류 목록

1. 주민등록표 초본(채무자)

2. 공정증서 사본

3. 공정증서 집행문

4. 납부확인서

20■■. ■■.

위 채권자

공 대 일 (인)

서울■■■지방법원 민사신청과 귀중

다음은 보정명령에 관하여 작성한 보정서 예시이다. 보정서를 작성/제출하였으나 그 내용에 흠결이 있는 경우에는 다시 보정명령이 나오고, 흠결이 없으면 사건은 계속 진행된다.

❶ 서류제출 — 민사집행서류 — 재산조회/채무불이행자명부 — 재산조회/채무불이행자명부 관련문건 — 보정서

❷ 보정명령 목록 : 보정명령등본을 받는지 여부에 따라 선택한다.

❸ 보정서 입력 : 작성한 보정서 파일만을 첨부하고, 첨부서류는 다음

장에서 첨부하여 제출한다. 임시저장 – 다음 이하 생략.

– 신청취하서

❶ 서류제출 – 민사집행서류 – 재산조회/채무불이행자명부 – 재산
조회/채무불이행자명부 관련문건 – 신청취하서

＊민사집행서류 – 재산명시/감치 – 재산명시/감치 관련문건 – 신청
취하서를 참조하여 작성한다.

– 명부등재말소신청서(채권자)

채권자가 채무불이행자명부 등재 말소 신청을 할 때 작성/제출한다.

❶ 서류제출 – 민사집행서류 – 재산조회/채무불이행자명부 – 재산조회/채무불이행자명부 관련문건 – 명부등재말소신청서(채권자)

❷ 신청인 정보 : 신청인 당사자 선택 – 저장

❸ 신청취지 및 이유

신청취지 작성 예

위 당사자간 20○○카명○○○○호 채무불이행자명부등재 신청 사건에 관하여 20○○.○○.○○자 결정에 의하여 등재한 채무자의 채무불이행자 명부의 등재는 이를 말소한다. 라는 재판을 바랍니다. '작성예시'를 누르면 이 외에 다양한 예시를 확인할 수 있다.

신청이유 작성 예

피신청인은 위 사건의 채무자입니다. 신청인은 채권자에게 ○○○○원을 20○○.○○.○○자로 완전히 변제하였습니다. 이에 이 신청에 이른 것입니다. '작성예시'를 누르면 이 외에 다양한 예시를 확인할 수 있다. – 임시저장 – 다음

❹ 첨부서류로 신청이유에 해당하는 증거를 직접입력, 면책결정정본 및 확정증명원, 통장사본 중 선택하여 첨부 및 등록 – 임시저장 – 작성 완료 이하 생략.

– 즉시항고장

❶ 서류제출 – 민사집행서류 – 재산조회/채무불이행자명부 – 재산조회/채무불이행자명부 관련문건 – 즉시항고장

＊민사집행서류 – 재산명시/감치 – 재산명시/감치 관련문건 – 즉시항고장 또는 특별항고장을 참조하여 작성한다.

- 야간특별송달허가신청서

❶ 서류제출 - 민사집행서류 - 재산조회/채무불이행자명부 - 재산조회/채무불이행자명부 관련문건 - 야간특별송달허가신청서

＊민사집행서류 - 재산명시/감치 관련문건 - 야간특별송달허가신청서를 참조하여 작성한다.

- 주소보정서

❶ 서류제출 - 민사집행서류 - 재산조회/채무불이행자명부 - 재산조회/채무불이행자명부 관련문건 - 주소보정서

＊민사집행서류 - 채권압류 등 - 채권압류등 관련문건 - 주소보정서(특별송달,공시송달,재송달신청)를 참조하여 작성한다.

- 사법보좌관처분에 대한 이의신청서

법원조직법 개정법률 제54조 제2항에 의하여 사법보좌관제의 신설, 2005년 7월부터 사법보좌관이 집행법원의 사무 중 중요 업무를 담당하게 되었다. 이후 처분에 대하여 대법원규칙이 정하는 바에 따라서 법관에 대해 이의신청을 할 수 있도록 하였다. 사법보좌관은 법관이 아니므로 사법보좌관의 처분에 법관으로 하여금 심사할 수 있도록 하였다. 사법보좌관이 이의신청을 받으면 지체 없이 소속법원 판사에게 송부하여야 하고, 사법보좌관의 처분에 대하여 집행정지 등의 잠정처분을 할 수 있다. 이의신청은 처분을 고지 받은 날로부터 7일 이내에 하여야 한다.

사법보좌관의 처분에 대한 이의신청의 대상은 즉시항고가 가능한 결

정에 대해서만 가능하다. 신청 시 민사집행법 제15조 제3항에 따른 항고이유서나 민사집행법 제130조 제3항에 따른 항고보증서류를 제출하지 아니한 경우에는 이의신청이 각하될 수 있다.

❶ 서류제출 – 민사집행서류 – 재산조회/채무불이행자명부 – 재산조회/채무불이행자명부 관련문건 – 사법보좌관처분에 대한 이의신청서

❷ 이의신청대상처분 정보입력

＊처분일자와 처분내용을 선택한다.

❸ 신청취지 및 신청이유

신청취지 작성 예

1. 원 결정을 취소하고, 이 사건 신청을 기각한다.
2. 신청비용은 1, 2심 모두 채권자들의 부담으로 한다. 라는 재판을 구합니다.

＊신청이유 : 신청취지에 따른 이유를 작성한다.

– 참고자료

❶ 서류제출 – 민사집행서류 – 재산조회/채무불이행자명부 – 재산조회/채무불이행자명부 관련문건 – 참고자료

＊민사집행서류 – 재산명시/감치 – 재산명시/감치 관련문건 – 참고자료를 참조하여 작성한다.

– 사유서

채권자가 채무불이행자명부등재 신청을 하였을 때, 채무자는 해당 채무를 변제하였거나 신청에 대항할 정당한 사유가 있는 경우에 작성/제출한다. 정당한 사유가 없는 경우 관련 규정에 따라 채무자의 인적사항 등을 채무불이행자명부에 등재 및 공개를 하게 된다.

❶ 서류제출 – 민사집행서류 – 재산조회/채무불이행자명부 – 재산

조회/채무불이행자명부 관련문건 – 사유서

– 답변서
상대방이 주장하는 내용이 사실과 다르고, 시정할 내용이 있다면 답변서를 작성/제출한다.

채무자가 채무불이행자명부등재 사건에 관하여 법원으로부터 심문서를 송달받고 사유서를 제출한 경우 채권자는 이에 대하여 답변을 하라는 심문서를 법원으로부터 송달받게 된다. 채무자의 사유서에 대한 반박내용을 작성하고 자료를 첨부하여 제출하면 된다. 법원이 제시한 기간 내에 답변하지 않으면 신청이 기각될 수 있다.

❶ 서류제출 – 민사집행서류 – 재산조회/채무불이행자명부 – 재산조회/채무불이행자명부 관련문건 – 답변서
❷ 답변서 입력 : '파일첨부하기'를 클릭하여 위 작성한 답변서를 첨부한다. – 임시저장 – 다음 이하 생략.

– 송달장소 및 송달영수인 신고서
❶ 서류제출 – 민사집행서류 – 재산조회/채무불이행자명부 – 재산조회/채무불이행자명부 관련문건 – 송달장소 및 송달영수인 신고서
＊재산명시/감치 – 재산명시/감치 관련문건 – 송달장소 및 송달영수인 신고서를 참조하여 작성한다.

답 변 서

사건번호   20 카불

채 권 자   (이름)

채 무 자   (이름)

위 사건에 관하여 채권자는 다음과 같이 답변합니다.

사유서에 대한 답변
입증방법
첨부서류

1. 위 입증방법   각1통

20   .   .   .

위 채권자   (날인 또는 서명)

○○지방법원 귀중

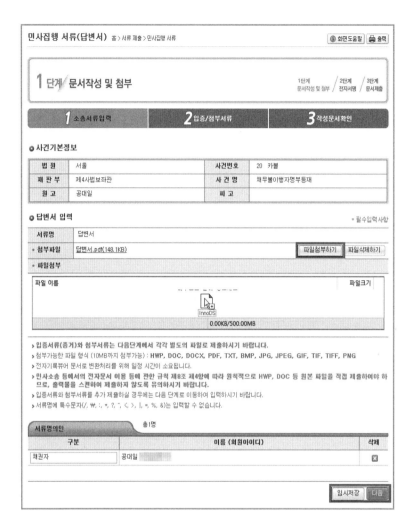

- 개인정보정정신청서

❶ 서류제출 - 민사집행서류 - 재산조회/채무불이행자명부 - 재산
조회/채무불이행자명부 관련문건 - 개인정보정정신청서

＊민사서류 - 지급명령(독촉)신청 - 지급명령 당사자 관련 - 개인정
보정정신청서를 참조하여 작성한다.

- 송달료 예납처리 신청서

❶ 서류제출 – 민사집행서류 – 재산조회/채무불이행자명부 – 재산조회/채무불이행자명부 관련문건 – 송달료 예납처리 신청서

＊민사서류 – 지급명령(독촉)신청 – 지급명령 보정서/송달 관련 – 송달료 예납처리 신청서를 참조하여 작성한다.

부동산 등 집행 신청서류

- 부동산 강제경매 신청서
- 자동차 강제경매 신청서

부동산 등 집행 신청서류에는 부동산 강제경매 신청서와 자동차 강제경매 신청서가 있다. 부동산 등 집행에 관하여서는 전자소송으로 진행이 가능하나 소송적인 부분보다는 권리분석이나 배당 등 부동산 법원경매의 전반을 알아야 한다. 채권자가 경매를 신청했을 때 얻게 되는 실익을 정확히 따져보고 신청해야 한다. 배당의 순서에 따라 경매신청한 채권자가 배당받을 수 있는 금액이 전혀 없을 수도 있다. 따라서 이 책에서는 부동산, 자동차의 경매 신청에 관한 부분만을 다루었다. 두 신청은 절차상 크게 다르지 않다.

부동산에 대한 강제집행 절차

① 채권자는 부동산경매신청서를 제출하고 경매에 따른 비용(부동산 감정료, 경매수수료, 송달료 등)을 납부한다.
② 법원은 부동산경매신청서와 첨부서류등을 검토하여 경매개시결정을 하는데 채무자의 이의신청이 받아들여지면 경매절차 집행정지의 효력이 발생한다.
③ 경매개시결정(강제/임의)이 되면 법원에서는 경매신청등기 촉탁, 개시일 결정송달, 집행관에 의한 현황조사, 감정인에 의한 감정평가 등의 경매준비를 한다.

④법원은 매각기일을 지정·공고한다.

⑤매각기일에 입찰자가 없으면 약 한 달 뒤쯤 최저매각가격을 낮추어 다시 매각을 실시하게 되고, 최고가 입찰인이 있으면 최고가매수신고인으로 정해진다. 법원은 신청, 절차상에 흠결이 없는지 검토하여 매각 기일로부터 7일 이내에 매각허가결정을 한다.

⑥최고가매수신고인은 법원이 정한 기일 내에 매각대금을 납부하고 소유자가 된다. 만일 납부하지 않으면 재매각이 진행된다.

⑦매각대금으로 배당표에 따라 각 채권자는 배당을 받게 되며 경매절차는 종료된다.

강제경매와 임의경매의 차이점

임의경매란 담보권 즉, 부동산 등기부등본 을구에 표시된 담보권에 의하여 경매가 진행되는 것을 말한다. 대표적으로는 근저당권, 담보가등기 또는 일정한 요건하의 전세권 등이 있다. 임의 경매는 담보권으로써 경매가 진행되기 때문에 별다른 소송 없이 간단하게 경매를 진행할 수 있다.

강제경매는 담보권이 아닌 집행권원에 의해 경매가 진행된다. 앞서 다루었듯 법원에 소송을 제기하여 판결을 득한 후 집행문을 부여받아 경매신청을 할 수 있다. 법원은 채권자의 경매신청을 토대로 경매개시결정을 내리는 동시에 부동산을 압류하고 경매 절차에 따라 부동산을 강제매각하게 된다.

그래서 강제경매와 임의경매의 신청양식은 거의 동일하나 강제경매는 집행권원을 표시하도록, 임의경매는 담보권을 표시하도록 되어 있다.

1. 집행 준비물

부동산과 자동차 강제경매신청서의 양식은 동일하다.

전자소송으로 경매를 신청하기 전 거쳐야 할 절차가 있다. 먼저 해당 사건의 송달증명, 확정증명, 집행문 부여 등의 집행권원을 얻은 상태를 전제한다.

1) 등록면허세 납부

2) 등기신청 수수료 납부

3) 자동차등록원부(갑) 등본 발급하기(자동차 강제경매 신청 시)

1) 등록면허세 납부

등록면허세 납부

마찬가지로 등록면허세를 납부하여야 가압류신청, 강제경매신청을 할 수 있다.

등록면허세는 위택스 홈페이지 https://www.wetax.go.kr 에서 간편하게 납부할 수 있다. 납부 방법은 다음과 같다.

❶ 위택스 홈페이지 https://www.wetax.go.kr 에 접속하여 로그인을 한다. 신고하기 – 등록면허세 – 등록면허세(등록분) 클릭.

❷ 로그인을 마친 경우라면 납세의무자 인적사항은 자동입력이 된다. 인적사항 각 란의 내용이 정확히 맞는지 다시 한번 확인한다.

물건종류 ★

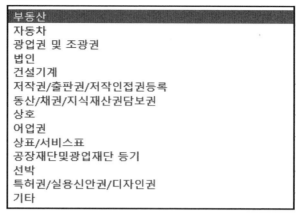

부동산
자동차
광업권 및 조광권
법인
건설기계
저작권/출판권/저작인접권등록
동산/채권/지식재산권담보권
상호
어업권
상표/서비스표
공장재단및광업재단 등기
선박
특허권/실용신안권/디자인권
기타

❸ 물건종류를 선택하고 물건지 주소를 입력한다. 만일 신고하는 부동산이 하나 이상의 다수인 경우에는 대표주소를 입력하고, 기타주소 란에 외1건, 외2건 의 식으로 입력한다.

신고납부관할지는 경매신청하는 부동산 소재지로서 해당 시/도, 군/구, 동/읍/리 까지 선택한다.

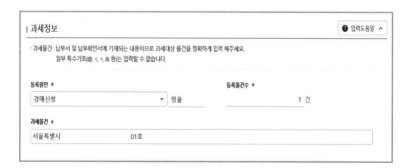

```
지상권설정
지상권이전
구분지상권설정
구분지상권이전
저당권설정
저당권이전
지역권설정
지역권이전
전세권설정
전세권이전
임차권설정
임차권이전
경매신청
가압류
가처분
가등기설정
가등기이전
말소등기
변경
취하
기타
```

❹ 등록원인에 '경매신청'을 선택한다. 등록물건수 입력. 과세물건의
주소를 입력한다.

❺ 결정과표에는 경매신청하는 부동산의 시가표준액에 면적을 곱하
여 입력한다. 일부 지분만이 아닌 경매신청하는 공유물 전부의 면적에
공시지가를 곱해야 한다. 만일 경매신청대상 부동산이 여러 필지로 되어
있다면, 각 필지의 면적에 공시지가를 곱해야 한다.

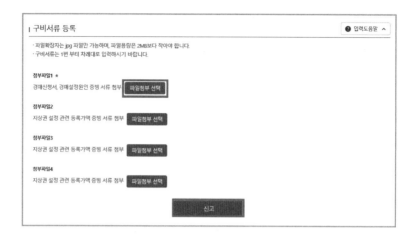

❻ 첨부파일에는 판결문 등의 집행권원과 등기부등본 등을 첨부한다. 임의 경매의 경우에는 등기권리증과 등기부등본을 첨부한다. 구비서류 등록시 파일확장자는 jpg 파일만 가능하며, 파일 용량은 2MB보다 작아야 한다. 즉 한글파일이나 기타 이미지포맷인 png, jpeg, bmp, gif 등을 사용할 수 없고 jpg확장자의 파일만 사용해야 한다. 확장자가 jpg가 아니라면 jpg로 반드시 변경 후에 파일첨부를 해야 한다. 파일첨부가 완료되었다면 신고 클릭.

인터넷으로 신고한 지방세납부서입니다.

등록면허세(등록분)영수필통지서 (등기소·시군구청통보용) / 서울 관악구 620

납세번호	기관번호	세목	납세년월기	과세번호
6206303	50114002	2019033	6500021

전자납부번호 11620-1-3019-321194978

납세자명 : 공대일   주민/법인번호 : 850919-*******

주 소 : 서울특별시   11   01

등기원인 : 기타   과세표준액 : 6,000

등기물건 : 서울특별시   (1 건)

세 목	납 부 세 액
등 록 면 허 세	6,000
지방교육세	1,200
농어촌특별세	0
세액 합계	7,200

위의 금액을 영수하였기에 통지합니다.

년 월 일
관악구청장 귀하   수납인

등록면허세영수증 서울 관악구 620

납세번호 6206303-50114002-2019033-6500021

전자납부 11620-1-3019-321194978

납세자명 공대일

과세표준액 6,000

등기원인 기타

등기물건 서울특별시 관악구 (1 건)

세 목	납 부 세 액
등록면허세	6,000
지방교육세	1,200
농특세	0
세액합계	7,200

위 금액을 영수합니다.
년 월 일   수납인

등록면허세(등록분)영수필통지서 (등기소보관용) / 서울 관악구 620

납세번호	기관번호	세목	납세년월기	과세번호
6206303	50114002	2019033	6500021

전자납부번호 11620-1-3019-321194978

납세자명 : 공대일   주민/법인번호 : 850919-*******

주 소 : 서울특별시   11   01

등기원인 : 기타   과세표준액 : 6,000

등기물건 : 서울특별시   (1 건)

세 목	납 부 세 액
등 록 면 허 세	6,000
지방교육세	1,200
농어촌특별세	0
세액 합계	7,200

위의 금액을 영수하였기에 통지합니다.

년 월 일
관악구청장 귀하   수납인

0

- 안내문 -

■납부장소 : 전국우체국, 농협, 전국 금융기관

○ 본 납부서는 서울 관악구 에서 세원관리됩니다.

○ 이 영수증은 5년간 보관하시기 바라며 과세증명서로 사용할 수 있습니다.

○ 수납인과 취급자인이 없으면 이 영수증은 무효입니다.

○ CD/ATM기에서 조회 및 납부가 가능합니다.

○ 간편납부번호, 신청은 위택스 사이트 또는 자치단체에 방문하여 신청하실 수 있습니다.

○ 이 고지서는 A4용지 1장에 출력되는 것이 정상입니다.

○ 담당자 : 등록면허세(등록분)담당자

○ 문의처 : 02-880-3350-5

등록면허세(등록분) 납부서 및 영수필통지서 (시군구정보관용) / 서울 관악구 620

납세번호	기관번호	세목	납세년월기	과세번호
6206303	50114002	2019033	6500021

전자납부번호 11620-1-3019-321194978

● 전국 모든 금융기관 직접 방문 납부 가능.(은행 창구는 현금 납부만 가능)
● CD/ATM(현금자동입출금기)납부.(타행신용카드 납부시 수수료가 발생)
● 위택스·은행(CD/ATM),인터넷 뱅킹,인터넷 지로에서 계좌이체 또는 카드납부가능

납세자명 : 공대일   주민/법인번호 : 850919-*******

주 소 : 서울특별시   11   01

등기원인 : 기타   과세표준액 : 6,000

등기물건 : 서울특별시   (1 건)

세 목	납 부 세 액
등 록 면 허 세	6,000
지방교육세	1,200
농어촌특별세	0
세액 합계	7,200

위의 금액을 영수하였기에 통지합니다.

년 월 일
관악구청장 귀하   수납인

등록면허세수납의뢰서 서울 관악구 620 (수납기관보관용)

납세번호 6206303-50114002-2019033-6500021

전자납부 11620-1-3019-321194978

납세자명 공대일

세 목	납 부 세 액
등록면허세	6,000
지방교육세	1,200
농특세	0
세액합계	7,200

위의 금액을 수납의뢰합니다.
년 월 일   수납인
관악구청장

❼ 등록면허세를 납부한다. 전자소송을 통하여 경매신청을 할 때 사용할 납세번호를 확인해둔다.

2) 등기신청 수수료 납부

등기신청 수수료를 납부하는 이유는 가압류 또는 강제경매를 신청하게 되면 해당 부동산의 등기부등본에 경매신청의 내용이 기입되는데, 이때 수수료가 발생하게 된다. 경매개시결정등기기입과 말소등기 시 매 목적물 마다 3,000원이 발생한다. 이 금액을 납부한 후 납부번호를 발급받아야 전자소송 홈페이지를 통하여 경매신청을 할 수 있다. 납부는 인터넷등기소 http://www.iros.go.kr 에서 하며, 그 과정은 다음과 같다.

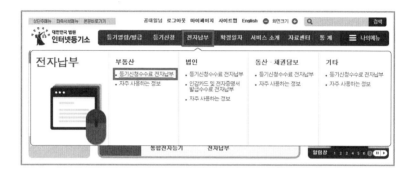

❶ http://www.iros.go.kr 에 접속하여 로그인을 한다. 메인 화면에서 전자납부 – 부동산 – 등기신청수수료 전자납부 클릭.

❷ 신규 클릭

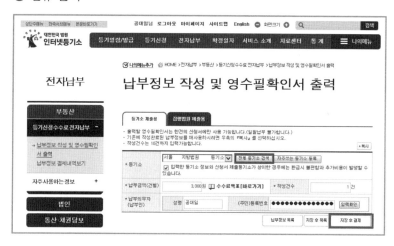

❸ '전체 등기소 검색'을 클릭하여 등기소 선택 – 저장 후 결제

＊수수료액표

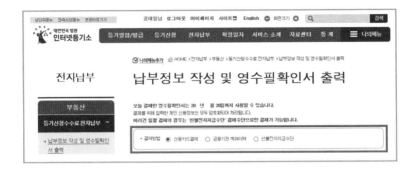

❹ 결제방법은 신용카드, 금융기관 계좌이체, 선불전자지급수단의 세 가지 방법이 있으며, 여러 건을 일괄 결제할 경우에는 '선불전자지급수단'의 방법으로만 결제가 가능하다. 본인에게 편한 방법으로 결제한다. 영수필확인서는 결제 후 14일간 사용이 가능하다.

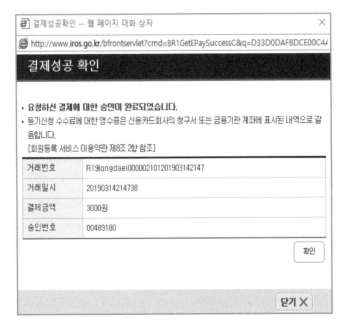

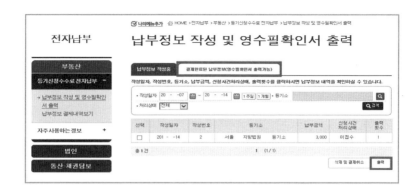

❺ '결제완료된 납부정보(영수필확인서 출력가능)' 탭에서 납부정보를 확인할 수 있다. '출력'을 클릭하여 출력 또는 저장을 한다.

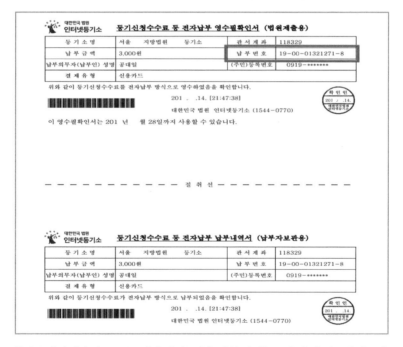

❻ '등기신청수수료 등 전자납부 영수필확인서'를 확인할 수 있다. 납부번호를 얻었다.

3) 자동차등록원부(갑) 등본 발급(자동차 강제경매 신청 시)

＊정부24 홈페이지 https://www.gov.kr 에 접속 한다. 메인페이지에 '자동차 등록원부등본(초본)발급 열람신청'을 찾아 클릭한다.

수수료는 열람은 1건당 100원, 발급 시에는 1건당 300원이나, 인터넷 발급(열람)시에는 무료이다. 다음은 정부24에서 제공하는 신청양식예시이다. 참고하여 발급받도록 한다.

[설명]

❶ 자동차 등록번호 직접입력

❷ 주소검색 버튼을 클릭하여 검색창에서 주민등록 상의 주소 선택

❸ 자동차의 소유자 구분은 회원유형에 따라 자동으로 선택

❹ 신청인 버튼을 클릭하여 소유자 성명(명칭) 자동입력

❺ 소유자 주민등록번호에 대한 공개여부 선택

❻ 저당권자의 주민등록번호에 대한 공개여부 선택

❼ 수령방법, 수령제출기관을 검색 버튼을 클릭하여 검색창에서 선택

❽ 용도 직접입력

❾ 발급부수가 1부 이상일 경우 부수 수정 입력

－ **부동산 및 기타 재산 강제경매신청**

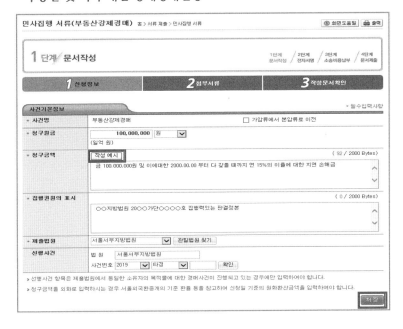

❶ 서류제출 – 민사집행서류 – 부동산 등 집행 – 부동산강제경매 신청서

❷ 사건기본정보

＊사건명 : 부동산강제경매

＊청구원금 : 청구원금을 적되 경매신청일까지의 원금과 이자가 있다면 이자를 합한 금액을 기재한다.

＊청구금액 : '작성 예시'를 참조하여 기재한다.

＊집행권원의 표시 : 판결문정본, 공정증서정본 등의 집행권원을 기재한다.

＊제출법원 : 관할법원을 찾기 어려운 경우 '관할법원 찾기'를 클릭하여 찾는다. 부동산경매신청의 관할 법원은 해당 부동산이 있는 곳의 지방법원에 신청한다. 관할권이 없는 법원에 제출하는 경우에는 관할법원으로 이송하게 된다.

＊선행사건 : 선행사건이 있다면 해당 법원과 사건번호를 입력한다.
– 저장.

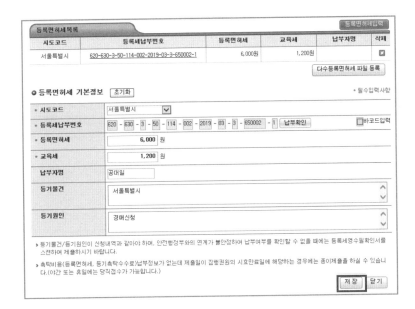

❸ 등록면허세목록

＊ 앞서 위택스에서 납부한 등록면허세 영수증을 참고하여 시도코드,
등록세납부번호, 등록면허세, 교육세, 납부자명을 차례로 입력한다.

＊등기물건 : 등기물건의 주소를 입력한다.

＊등기원인 : 경매신청 – 저장

❹ 등기촉탁수수료목록

＊앞서 인터넷등기소에서 납부한 등기신청수수료 등 전자납부 영수
필확인서를 참고하여 납부번호를 입력한다.

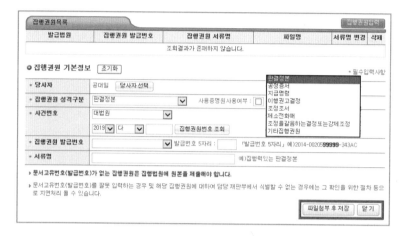

❺ 집행권원 목록 : '집행권원입력'을 클릭하여 집행권원의 정보를 빠
짐없이 입력한다.

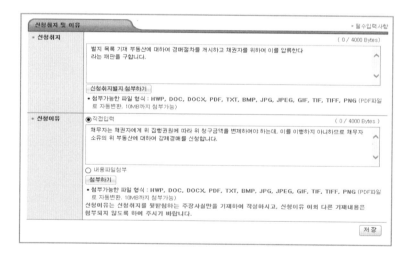

❻ 신청취지 및 이유

＊신청취지 작성 예 :

별지 목록 기재 부동산에 대하여 경매절차를 개시하고 채권자를 위하여 이를 압류한다

라는 재판을 구합니다.

＊신청이유 작성 예 :

채무자는 채권자에게 위 집행권원에 따라 위 청구금액을 변제하여야 하는데, 이를 이행하지 아니하므로 채무자 소유의 위 부동산에 대하여 강제경매를 신청합니다. － 저장

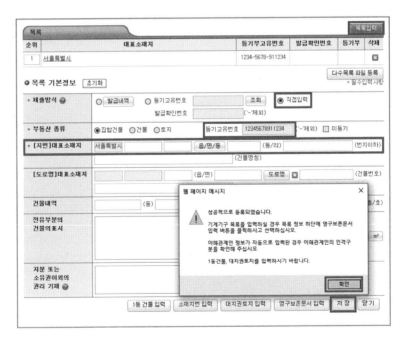

❼ 목록

＊목록입력을 누르면 다음과 같이 목록 기본정보 입력란이 나오는데 인터넷등기소에서 등기부등본을 발급받을 때 '전자제출용 발급하기'를 선택하여 발급받아두면 편리하게 입력이 가능하다.

❽ 이해관계인목록

'이해관계인 입력' 버튼을 누르면 다음과 같이 이해관계인 기본정보 입력란이 나오는데 '전자제출용 등기를 발급받으면 이해관계인이 자동으로 입력된다. – 저장 – 저장 – 다음 이하 생략.

2. 부동산/자동차 강제경매 신청

- 자동차 강제경매 신청서

자동차가 정확하게 채무자의 명의로 되어 있어야 하며 오토바이 등의 이륜차량은 자동차등록원부에 등록이 되지 않으므로 유체동산 강제집행으로 진행해야 한다. 자동차 강제경매 신청은 집행문, 송달/확정증명원, 자동차 등록원부, 채무자의 주민등록표 초본 등을 첨부하여 제출한다. 신청 방법은 '부동산 강제경매 신청서'의 작성방법과 거의 동일하니 참고하여 작성한다.

❶ 서류제출 – 민사집행서류 – 부동산 등 집행 – 자동차강제경매 신청서

❷ 제출법원은 차량소유자가 법인인 경우에는 법인의 주사무소 소재지, 개인의 경우에는 주민등록지 관할 법원을 선택한다.

민사집행규칙 제109조(집행법원) ①자동차집행의 집행법원은 자동차 등록원부에 기재된 사용본거지를 관할하는 지방법원으로 한다.

❸ 목록 – 목록입력

＊목록 기본정보 : 차명, 등록번호, 사용본거지, 내역은 자동차등록원부를 보고 작성하고 '내역'에는 년식, 배기량, 보관장소 이외에도 차종과 용도, 최종소유자 등을 최대한 자세하게 작성한다. – 저장 – 닫기 이하 생략.

1. 가장 자주 사용되는 채권압류 추심명령과 전부명령 신청

주신청

– 채권압류 및 추심명령 신청서

채권압류는 예금, 임대차보증금, 부동산, 자동차, 급여 등에 관한 압류로서 강제집행의 방법 중 가장 흔하게 활용된다. 채권압류 및 추심명령 신청서가 필요하다. 부동산 또는 동산 등의 재산에 강제집행을 실시하는 경우에는 경매를 실시하여 낙찰이 된 후 낙찰대금을 통하여 채권을 변제받게 되는데, 이 절차가 모두 진행되는 데는 기간이 상당히 오래 걸리는 경우가 많고, 일반적인 시세보다 낮은 가격으로 처분되는 일이 많다. 또한 본인 이외에도 다른 채권자가 참여하여 채권을 온전히 만족시키기에는 부족한 일이 발생하는 경우가 많다.

채권압류 및 추심명령의 대상이 되는 금전채권으로는 예금, 임금 및 퇴직금, 공사대금, 임대차보증금, 용역비, 공탁금 출급청구권 또는 회수청구권 등이 있다.

법원의 압류명령이 은행, 회사, 건물주 등 제3채무자에게 송달이 되면, 제3채무자는 압류된 채권을 채무자에게 지급을 하여서는 아니된다.

❶ 사건기본정보

＊사건명 : 채권압류 및 추심명령

＊청구금액 : 청구내용의 합계금액을 적는다.

＊청구내용 작성 예 :

금　　원 (○○금)

금　　원 (위 금　　원에 대한 20.　.　.부터 20.　.　.까지의 연　% 비율에 의한 이자금)

금　　원 (집행비용)

합 계 금　　　원

＊집행권원 등 표시 작성 예 :

(예시) ○○법원 20 가단 ○○○사건의 집행력 있는 판결정본

(예시) ○○법원 20 가소 ○○○사건의 집행력 있는 이행권고결정

(예시) ○○법원 20 차 ○○○사건의 집행력 있는 지급명령정본

(예시) 공증인가 법무법인○○○증서 20 년 호의 집행력 있는 공정증서정본

＊제출법원 : 채무자의 주소지 또는 직장 주소지 관할 법원으로 한다. 찾기가 어려운 경우 '관할법원 찾기'를 통하여 제출법원을 선택한다.

❷ 당사자 선택, 집행권원 목록 : '기본적인 사항'을 참조하여 작성한다.

❸ 신청취지 및 이유

신청취지 작성 예

채무자의 제3채무자에 대한 별지 기재의 채권을 압류한다.

제3채무자는 채무자에게 위 채권에 관한 지급을 하여서는 아니 된다.

채무자는 위 채권의 처분과 영수를 하여서는 아니 된다.

위 압류된 채권은 채권자가 추심할 수 있다. 라는 결정을 구함

신청이유 작성 예

채권자는 채무자에 대하여 위 표시 금전채권을 가지고 있으나 채무자가
그 지급을 하지 아니하므로, 채무자가 제3채무자에 대하여 가지고 있는
별지목록 기재의 채권에 대하여 신청취지와 같은 결정을 받고자 이 신청
을 합니다.

❹ 채권/기타 목적물

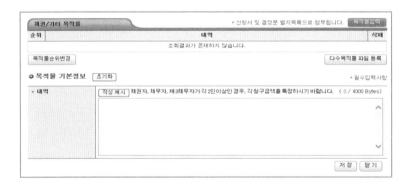

＊내역 :

'채권자, 채무자, 제3채무자가 각 2인 이상인 경우, 각 청구금액을 특
정하시기 바랍니다.'

채권자가 신청하고자 하는 채권의 종류가 예금, 급여, 임대차보증금 등 여러 개라면 각각의 청구금액을 특정해야 한다. 즉 청구금액이 1000만원이라면 ○○은행에 500만원, □□은행에 200만원, 급여에는 300만원 의 식으로 특정 한다.

작성예시를 클릭하면 채권압류, 주식압류, 소유권이전등기청구권압류, 출자증권압류, 특허권압류, 골프회원권압류 의 종류로 나누어져 나와 있다.

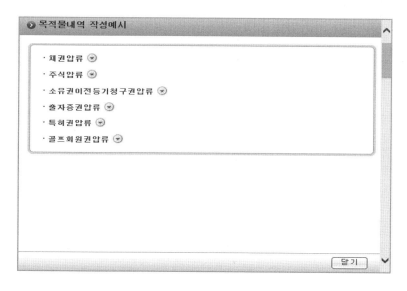

채권압류에는 예금채권, 보험금채권, 카드대금, 급여채권, 임대차보증금, 공사대금, 공탁금출급청구권, 물품대금채권, 근저당부채권 으로 작성예시가 나와 있으니 본인이 압류하고자 하는 목적물내역을 참고하여 작성한다.

채권금액 1천만원 중 1백만원은 변제를 받아 9백만원이 남았고, A은행과 B은행의 예금, C회사로부터 받는 급여, ○○○로부터 임대차보증금을 압류하고자 할 때를 가정한다. 제3채무자별 청구금액의 합이 총 청구금액과 일치하여야 한다.

청구금액 금 10,000,000원 중 일부금 9,000,000원

채무자가 제3채무자들에 대하여 가지고 있는 현재 입금된 예금 및 장래에 입금될 예금채권 중 다음에 기재된 순서에 따라

제3채무자1 A은행에 대하여 금 3,000,000원

제3채무자2 B은행에 대하여 금 3,000,000원

채무자가 제3채무자에 대하여 가지는 아래 예금채권(장래 입금되는 예금을 포함) 중 아래 기재한 순서에 따라 위 청구 금액에 이를 때까지의 금액

1. 압류되지 않은 예금과 압류된 예금이 있을 때에는 다음 순서에 의하여 압류한다

가. 선행 압류, 가압류가 되지 않은 예금

나. 선행 압류, 가압류가 된 예금

2. 여러 종류의 예금이 있을 때에는 다음 순서에 의하여 압류한다.

가. 보통예금 나. 당좌예금 다. 정기예금 라. 정기적금 마. 저축예금

바. 자유저축예금 사. 기타 모든 예금

3. 같은 종류의 예금이 여러 계좌가 있는 때에는 ① 예금금액이 많은 것부터, ② 만기가 빠른 것, ③ 계좌번호가 빠른 것의 순서에 의하여 압류한다.

4. 제3채무자 송달일 기준으로 위 청구금액에 이르지 못하는 경우 장래 입금될 예금(입금되는 순서에 따름)을 압류한다.

제3채무자3 ○○회사에 대하여 금 2,000,000원

채무자가 제3채무자로부터 매월 수령하는 급여채권(급료, 상여금, 그 밖에 이와 비슷한 성질을 가진 급여채권)에서 제세공과금을 뺀 잔액의 1/2씩 위 청구금액에 이를 때까지의 금액[다만, 국민기초생활보장법에 의한 최저생계비를 감안하여 민사집행법 시행령이 정한 금액에 해당하는 경우에는 이를 제외한 나머지 금액, 표준적인 가구의 생계비를 감안하여 민사집행법 시행령이 정한 금액에 해당하는 경우에는 이를 제외한 나머지 금액] 및 위 청구금액에 달하지 아니한 사이에 퇴직한 때에는 퇴직금에서 제세공과금을 뺀 잔액의 1/2 중 위 청구금액에 이를 때까지의 금액

제3채무자4 ○○○에 대하여 금 1,000,000원

금 원(○ ○ 금)
금 원(금 원에 대하여 20 . . .부터 20 . . . 까지 연 %의 비율에 의한 금원)

채무자와 제3채무자 사이에 (주소기재) 건물의 임대차 계약을 체결하고 임대차보증금으로 제공한 금원 중 위 임대차계약이 만료, 해지 또는 기타사유로 인하여 제3채무자가 채무자에게 반환하게 될 임대차 보증금

반환채권 중 위 금원에 이를 때까지의 금액. (단, 주택임대차보호법 제8조 및 같은법 시행령의 규정에 따라 우선변제를 받을 수 있는 금액은 제외한다.)

❺ 진술최고신청서(제3채무자에 대한) 작성을 클릭한다.

진술대상 제3채무자 모두에게 신청하려면 '전체' 제3채무자 중 일부를 선택하려면 '일부'를 선택한다.

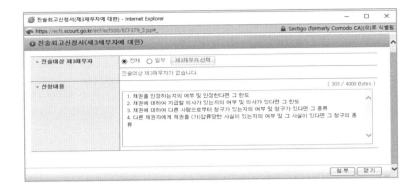

신청내용 작성 예

1. 채권을 인정하는지의 여부 및 인정한다면 그 한도
2. 채권에 대하여 지급할 의사가 있는지의 여부 및 의사가 있다면 그 한도
3. 채권에 대하여 다른 사람으로부터 청구가 있는지의 여부 및 청구가 있다면 그 종류
4. 다른 채권자에게 채권을 (가)압류당한 사실이 있는지의 여부 및 그 사실이 있다면 그 청구의 종류

❻ 필요한 첨부서류를 첨부한다.

– 채권압류 및 전부명령 신청서

민사집행법 제229조(금전채권의 현금화방법) 제7항 전부명령은 확정되어야 효력을 가진다.

전부명령은 채무자와 제3채무자에게 송달이 완료되고, 즉시항고기간 각 7일이 지나야 효력이 확정되는데, 송달되지 않으면 전부명령이 확정되지 않으므로 효력은 발생하지 않는다.

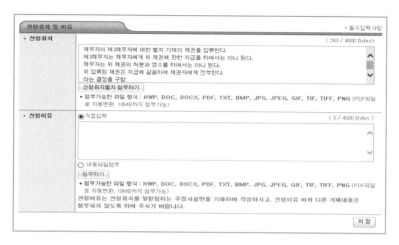

❶ 서류제출 – 민사집행서류 – 채권압류 등 – 주신청 – 채권압류 및 전부명령 신청서

❷ 전반적인 신청방법은 채권압류 및 추심명령 신청서와 동일하다. 채권압류 및 추심명령 신청의 방법을 참조하여 작성한다.

❸ 신청취지 및 이유

신청내용 작성 예

1. 채권자와 채무자 사이의 ○○지방법원 20○○카단○○○호 채권가압류에 의한 별지목록 기재 채권에 대한 가압류는 이를 본압류로 이전한다.
2. 제3채무자는 채무자에 대하여 별지목록 기재 채권의 지급을 하여서는 아니 된다.
3. 채무자는 위 채권의 처분과 영수를 하여서는 아니 된다.
4. 위 압류된 채권은 지급에 갈음하여 채권자에게 전부한다. 라는 결정을 구합니다. – 저장 이하 생략.

※추심명령과 전부명령의 차이점

추심명령과 전부명령은 모두 채권을 회수하기 위한 채권자의 권리이다. 그러나 이 둘의 진행과정은 채권자가 갖는 권리에서 커다란 차이가 난다.

추심명령이 확정되면 채권자가 해당 채권의 완전한 만족을 얻기 전까지는 채권자와 채무자의 관계는 사라지지 않는다. 또한 채무자의 재산에 강제집행 하더라도 내가 아닌 다른 채권자가 동일한 채무자의 재산에 추심신고 이전에 압류를 하는 경우, 각 채권의 비율대로 안분배당을 받게 된다.

전부명령이 확정되면 채권자와 채무자의 관계는 해소된다. 대신 채권자와 제3채무자와의 채권, 채무관계만 남는다. 채권자는 채무자가 아닌 제3채무자로부터 채권의 만족을 얻어야 하는데, 만일 제3채무자가 채무를 해결할만한 능력이 부족한 경우 채권자는 채권의 만족을 얻기 어려워진다. 때문에 전부명령을 신청하는 경우에는 제3채무자의 재산상태나 능력을 잘 살펴보고 신청해야 한다. 전부명령을 신청하였는데 제3채무자에게 도달하기 전 해당 금전채권에 관하여 다른 채권자가 압류, 가압류, 배당요구를 하게 되면 전부명령은 효력이 없다. 전부명령은 확정되어야만 그 효력이 있다.

즉 전부명령은 다른 채권자가 배당에 관여할 여지를 주지 않고 제3채무자의 채무를 모두 가져올 수 있는 장점이 있으나 제3채무자가 재산이 없는 경우 채권자는 채무자에게 변제 요청을 할 수 없으므로 그 위험은 모두 채권자가 가지게 된다.

또한 전부명령은 금전채권에 대하여만 집행할 수 있는데 비해, 추심명령은 금전채권 뿐만 아니라 권리이전의 청구권이나 유체물의 인도에 대하여도 할 수 있다.

2. 가압류를 본압류로 이전하는 신청

- 가압류를 본압류로 이전하는 채권압류 및 추심명령 신청서
기존의 가압류를 본압류로 이전하고자 할 때 작성/제출한다. 본압류로 이전하고자 할 때는 집행권원 외에도 가압류 결정문, 가압류 결정 송달증명원 등이 추가로 첨부되어야 한다.

❶ 서류제출 - 민사집행서류 - 채권압류 등 - 주신청 - 가압류를 본압류로 이전하는 채권압류 및 추심명령 신청서

❷ 사건기본정보

＊사건명 : 가압류를 본압류로 이전하는 채권압류 및 추심명령

＊청구금액 : 청구금액은 청구내용의 합계금액이다. (기존 가압류의 금액 이후에 추가된 금액이 있다면 이를 특정한 후 합산금액을 기재한다.)

＊청구내용 :

금　　원 (○○금)

금　　원 (위금　원에 대한 20. . .부터 20. . .까지의 연　% 비율에 의한 이자금)

금　　원 (집행비용)

합계 금　　원

＊집행권원 등 표시 작성예시 :

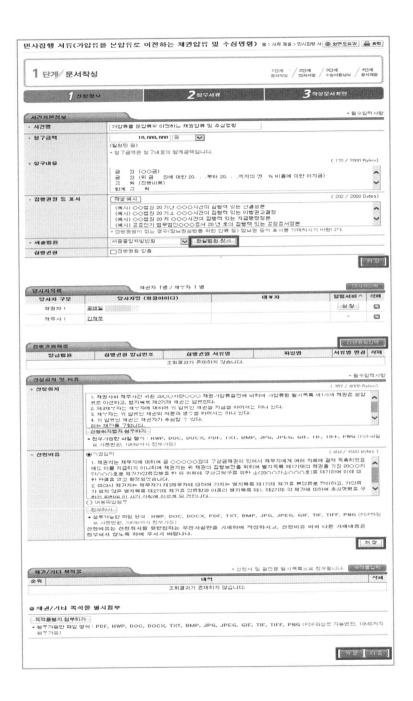

(예시) ○○법원 20 가단 ○○○사건의 집행력 있는 판결정본

(예시) ○○법원 20 가소 ○○○사건의 집행력 있는 이행권고결정

(예시) ○○법원 20 차 ○○○사건의 집행력 있는 지급명령정본

(예시) 공증인가 법무법인○○○증서 20 년 호의 집행력 있는 공정증서정본

＊제출법원 : 채무자의 주소지 또는 직장 주소지를 관할 법원으로 한다. 찾기가 어려운 경우 '관할법원 찾기'를 통하여 제출법원을 선택한다.

❸ 당사자 목록

❹ 집행권원 목록

❺ 신청취지 및 이유

신청취지 작성 예

1. 채권자와 채무자간 귀원 20○○카단○○○ 채권가압류결정에 의하여 가압류된 별지목록 제1기재 채권은 본압류로 이전하고, 별지목록 제2기재 채권은 압류한다.
2. 제3채무자는 채무자에 대하여 위 압류된 채권을 지급을 하여서는 아니 된다.
3. 채무자는 위 압류된 채권의 처분과 영수를 하여서는 아니 된다.
4. 위 압류된 채권은 채권자가 추심할 수 있다.

신청이유 작성 예

1. 채권자는 채무자에 대하여 금 ○○○○○원의 구상금채권이 있어서 채무자에게 여러 차례에 걸쳐 독촉하였음에도 이를 지급하지 아니하여 채권자는 위 채권의 집행보전을 위하여 별지목록 제1기재의 채권을 귀원 20○○카단○○○호로 채권가압류집행을 한 뒤 귀원에 구상금청구를 위한 소(20○○가소○○○호)를 제기하여 이에 대한 판결을 얻고 확정되었습니다.

2. 따라서 채권자는 채무자가 제3채무자에 대하여 가지는 별지목록 제1기
재 채권을 본압류로 전이하고, 가압류가 되지 않은 별지목록 제2기재
채권을 압류함과 아울러 별지목록 제1, 제2기재 각 채권에 대하여 추심
명령을 구하기 위하여 이 사건 신청에 이르게 된 것입니다.

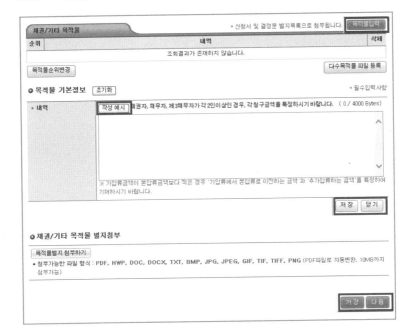

❻ 채권/기타 목적물의 우측 상단 목적물입력 – 작성 예시

> **목적물내역 작성예시**

- 채권압류 ⊙
- 주식압류 ⊙

> **– 주식압류**
>
> 채무자가 제3채무자의 주주로서 가지는 다음의 주식
> 1. 주식의 종목:
> 2. 주식 수량:
> 3. 1주의 액면금:

- 소유권이전등기청구권압류 ⊙

> **– 소유권이전등기청구권압류**
>
> 채무자가 제3채무자에 대하여 가지는 아래표시 부동산에 관한 소유권이전등기청구권
>
> (부동산의 표시 입력)

- 출자증권압류 ⊙

> **– 출자증권압류**
>
> 채무자가 제3채무자에 대하여 가지고 있는 출자증권
> 1. 출자1좌금:
> 2. 출자좌수:

- 특허권압류 ⊙

> **– 특허권압류**
>
> 1. 특허번호
> 2. 특허 : 제 호
> 3. 출원번호: 제 호
> 4. 출원일
> 5. 등록일
> 6. 발명의 명칭
> 7. 특허권자

- 골프회원권압류 ⊙

> **– 골프회원권압류**
>
> 채무자가 제3채무자에 대하여 가지는 ○○컨트리클럽 등록자명 ○○, 회원번호 ○○의 회원권(○○컨트리클럽 골프장 및 부속시설에 대한 이용권 및 제3채무자에게 예탁한 금 원의 반환청구권)

'채권압류(예금채권, 보험금채권, 카드대금, 급여채권, 임대차보증금, 공사대금, 공탁금출급청구권, 공탁금회수청구권, 물품대금채권, 근저당권부채권), 주식압류, 소유권이전등기청구권압류, 출자증권압류, 특허권압류, 골프회원권압류' 로 구성이 되어 있으니 본인에게 해당하는 목적물을 참조하여 작성한다.

이때 목적물 순위를 설정함에 있어서 1번에는 기존의 가압류 금액을 입력하고 2번에는 추가 압류하는 금액이 있다면 추가압류금액을 입력한다. – 저장 – 닫기 – 하단의 녹색버튼 저장 – 다음 이후과정 제3채무자 진술서 작성 이후 과정 생략.

– 가압류를 본압류로 이전하는 채권압류 및 전부명령 신청서

❶ 서류제출 – 민사집행서류 – 채권압류 등 – 주신청 – 가압류를 본압류로 이전하는 채권압류 및 전부명령 신청서

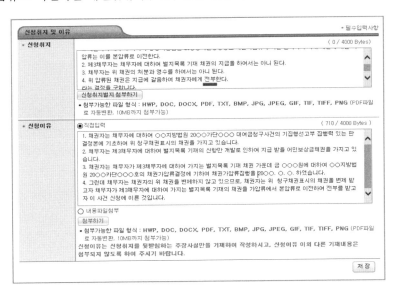

❷ 전반적인 신청방법은 가압류를 본압류로 이전하는 채권압류 및 추심명령 신청서와 동일하다. 가압류를 본압류로 이전하는 채권압류 및 추심명령 신청의 방법을 참조하여 작성한다.

신청취지 작성 예

1. 채권자와 채무자 사이의 ○○지방법원 20○○카단○○○호 채권가압류에 의한 별지목록 기재 채권에 대한 가압류는 이를 본압류로 이전한다.
2. 제3채무자는 채무자에 대하여 별지목록 기재 채권의 지급을 하여서는 아니 된다.
3. 채무자는 위 채권의 처분과 영수를 하여서는 아니 된다.
4. 위 압류된 채권은 지급에 갈음하여 채권자에게 전부한다.
라는 결정을 구합니다.

신청이유 작성 예

1. 채권자는 채무자에 대하여 ○○지방법원 20○○가단○○○ 대여금청구사건의 기집행선고부 집행력 있는 판결정본에 기초하여 위 청구채권 표시의 채권을 가지고 있습니다.
2. 채무자는 제3채무자에 대하여 별지목록 기재의 신항만 개발로 인하여 지급 받을 어민보상금채권을 가지고 있습니다.
3. 채권자는 채무자가 제3채무자에 대하여 가지는 별지목록 기재 채권 가운데 금 ○○○원에 대하여 ○○지방법원 20○○카단○○○호의 채권가압류결정에 기하여 채권가압류집행을 20○○. ○. ○. 하였습니다.
4. 그런데 채무자는 채권자의 위 채권을 변제하지 않고 있으므로, 채권자는 위 청구채권표시의 채권을 변제 받고자 채무자가 제3채무자에 대하여 가지는 별지목록 기재의 채권을 가압류에서 본압류로 이전하여 전부를 받고자 이 사건 신청에 이른 것입니다.

3. 그 외의 압류에 대하여

- 그밖의재산권의압류명령 신청서

합명회사·합자회사·유한회사의 사원지분, 조합원의 조합지분, 주권 발행 전의 주주권, 가입전화사용권, 유체동산의 공유지분, 부동산의 환매권, 특허권·실용신안권·디자인권·상표권·저작권 등의 지적재산권등의 독립한 재산권, 그 밖의 재산권에 대해 강제집행할 때 사용한다.

❶ 서류제출 – 민사집행서류 – 채권압류 등 – 주신청 – 그밖의재산권의압류명령 신청서

❷ 전반적인 신청방법은 채권압류 및 추심명령 신청서와 동일하다. 채권압류 및 추심명령 신청의 방법을 참조하여 작성한다.

환매권, 특허권·실용신안권·디자인권·상표권·저작권 등의 지적재산권 등에 대한 집행은 채권에 대한 집행과는 달리 제3채무자가 없으나, 공유지분에 대한 집행에서는 특허권자가 제3채무자가 된다. 권리 이전 시 등기 또는 등록을 필요로 하는 경우 권리에 관한 서면을 추가로 첨부해야 한다.

지적재산권 또는 특허권 등이 공유인 경우에는 다른 공유자의 동의 없이는 양도할 수 없으므로 다른 공유자의 동의서 등을 첨부해야 한다.

일반적으로 채권 가압류등의 경우는 본안의 지방법원이 관할법원이, 압류명령의 경우는 원칙적으로 채무자의 보통재판적이 있는 지방법원이 관할하게 되지만 특허권, 지식재산권 등 권리이전에 등기 또는 등록이 필요한 경우, 그 등록지를 관할하는 지방법원을 관할법원으로 할 수 있다.

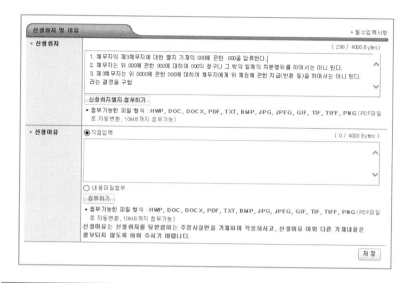

1. 채무자의 제3채무자에 대한 별지 기재의 ○○○에 관한 ○○○을 압류한다.
2. 채무자는 위 ○○○에 관한 ○○○에 대하여 ○○○의 청구나 그 밖의 일체의 처분행위를 하여서는 아니 된다.
3. 제3채무자는 위 ○○○○에 관한 ○○○에 대하여 채무자에게 위 채권에 관한 지급(반환 등)을 하여서는 아니 된다. 라는 결정을 구함

4. 압류 부수신청

부수신청

– 채권기타재산권특별현금화명령 신청서

채권압류 및 추심명령 또는 전부명령에 의하여 채권을 압류하였으나 현금화하기 어려운 경우

채권자는 이를 법원에 신청할 수 있고, 법원은 이 신청에 의하여 양도

명령 등 특별현금화명령을 명할 수 있다.

❶ 서류제출 – 민사집행서류 – 채권압류 등 – 부수신청 – 채권기타
재산권특별현금화명령 신청서

❷ 전반적인 신청방법은 주신청의 채권압류 및 추심명령 신청서와 동
일하다. 채권압류 및 추심명령 신청의 방법을 참조하여 작성한다.

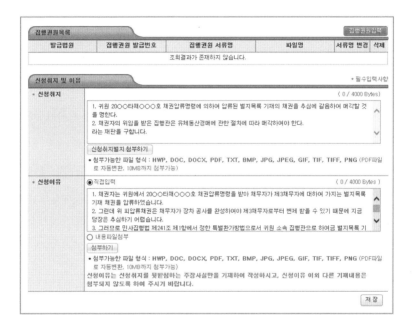

❸ 신청취지 및 이유

신청취지 작성 예

1. 귀원 20○○타채○○○호 채권압류명령에 의하여 압류된 별지목록 기
   재의 채권을 추심에 갈음하여 매각할 것을 명한다.
2. 채권자의 위임을 받은 집행관은 유체동산경매에 관한 절차에 따라 매
   각하여야 한다. 라는 재판을 구합니다.

1. 채권자는 귀원에서 20○○타채○○○호 채권압류명령을 받아 채무자가 제3채무자에 대하여 가지는 별지목록 기재 채권을 압류하였습니다.
2. 그런데 위 피압류채권은 채무자가 장차 공사를 완성하여야 제3채무자로부터 변제 받을 수 있기 때문에 지금 당장은 추심하기 어렵습니다.
3. 그러므로 민사집행법 제241조 제1항에서 정한 특별환가방법으로서 귀원 소속 집행관으로 하여금 별지목록 기재 채권을 추심에 갈음하여 매각하도록 명령하여 주실 것을 신청합니다.

- 유체물인도 및 부동산청구권에대한추심명령 신청서

채무자가 제3채무자로부터 받을 물건 또는 부동산 인도청구권이 있다면, 이에 대하여 강제집행을 마친 상태에서, 추심명령을 따로 신청할 때 사용한다. 채권압류 및 추심신청과 유사하게 유체물인도청구권압류 또는 부동산청구권에대한압류 및 추심신청 후 그 결정이 제3채무자에게 송달완료되면 제3채무자는 채무자에게 해당 압류물건을 인도할 수 없게 된다. 채권자는 압류물건을 제3채무자로부터 회수하여 집행관에 의한 매각절차로 현금화하고 배당을 통해 채권의 만족을 얻는다.

❶ 서류제출 – 민사집행서류 – 채권압류 등 – 부수신청 – 유체물인도청구권에대한추심명령 신청서(부동산청구권에대한추심명령 신청서)
❷ 전반적인 신청방법은 주신청의 채권압류 및 추심명령 신청서와 동일하다. 채권압류 및 추심명령 신청의 방법을 참조하여 작성한다.

신청취지 (0 / 4000 Bytes)

채무자의 제3채무자에 대한 별지목록 기재의 유체동산인도청구권의 목적물인 유체동산은 채권자가 집행관에게
위임하여 추심할 수 있다.
라는 결정을 구함.

신청취지별지 첨부하기

• 첨부가능한 파일 형식 : HWP, DOC, DOCX, PDF, TXT, BMP, JPG, JPEG, GIF, TIF, TIFF, PNG (PDF파일로 자동변환, 10MB까지 첨부가능)

신청이유 ◉직접입력 (0 / 4000 Bytes)

○ 내용파일첨부
첨부하기

• 첨부가능한 파일 형식 : HWP, DOC, DOCX, PDF, TXT, BMP, JPG, JPEG, GIF, TIF, TIFF, PNG (PDF파일로 자동변환, 10MB까지 첨부가능)

신청이유는 신청취지를 뒷받침하는 주장사실만을 기재하여 작성하시고, 신청이유 이외 다른 기재내용은 첨부되지 않도록 하여 주시기 바랍니다.

저장

❸ 신청취지 및 이유

신청취지 작성 예

채무자의 제3채무자에 대한 별지목록 기재의 유체동산인도청구권의 목적물인 유체동산은 채권자가 집행관에게 위임하여 추심할 수 있다. 라는 결정을 구함

채무자의 제3채무자에 대한 별지 목록 기재 부동산에 관한 인도청구권(소유권이전등기청구권)은 채권자가 집행관에게 위임하여 추심할 수 있다. 라는 결정을 구합니다.

– 압류금지채권의범위변경 신청서

민사집행법 제246조(압류금지채권)

❶ 다음 각호의 채권은 압류하지 못한다. 〈개정 2005.1.27,

2010.7.23, 2011.4.5〉

1. 법령에 규정된 부양료 및 유족부조료(유족부조료)

2. 채무자가 구호사업이나 제3자의 도움으로 계속 받는 수입

3. 병사의 급료

4. 급료·연금·봉급·상여금·퇴직연금, 그 밖에 이와 비슷한 성질을 가진 급여채권의 2분의 1에 해당하는 금액. 다만, 그 금액이 국민기초생활 보장법에 의한 최저생계비를 감안하여 대통령령이 정하는 금액에 미치지 못하는 경우 또는 표준적인 가구의 생계비를 감안하여 대통령령이 정하는 금액을 초과하는 경우에는 각각 당해 대통령령이 정하는 금액으로 한다.

5. 퇴직금 그 밖에 이와 비슷한 성질을 가진 급여채권의 2분의 1에 해당하는 금액

6. 「주택임대차보호법」 제8조, 같은 법 시행령의 규정에 따라 우선변제를 받을 수 있는 금액

7. 생명, 상해, 질병, 사고 등을 원인으로 채무자가 지급받는 보장성 보험의 보험금(해약환급 및 만기환급금을 포함한다). 다만, 압류금지의 범위는 생계유지, 치료 및 장애 회복에 소요될 것으로 예상되는 비용 등을 고려하여 대통령령으로 정한다.

8. 채무자의 1월간 생계유지에 필요한 예금(적금·부금·예탁금과 우편대체를 포함한다). 다만, 그 금액은 「국민기초생활 보장법」에 따른 최저생계비, 제195조제3호에서 정한 금액 등을 고려하여 대통령령으로 정한다.

❷ 법원은 제1항 제1호부터 제7호까지에 규정된 종류의 금원이 금융기관에 개설된 채무자의 계좌에 이체되는 경우 채무자의 신청에 따라 그

에 해당하는 부분의 압류명령을 취소하여야 한다. 〈신설 2011.4.5〉

❸ 법원은 당사자가 신청하면 채권자와 채무자의 생활형편, 그 밖의 사정을 고려하여 압류명령의 전부 또는 일부를 취소하거나 제1항의 압류금지채권에 대하여 압류명령을 할 수 있다. 〈개정 2011.4.5〉

❹ 제3항의 경우에는 제196조제2항 내지 제5항의 규정을 준용한다. 〈개정 2011.4.5〉

(출처 : 민사집행법 타법개정 2016. 2. 3. [법률 제13952호, 시행 2017. 2. 4.] 법무부 〉 종합법률정보 법령)

이 절차는 채무자의 최저생계 보장 차원에서 마련된 제도이다. 채무자의 은행예금계좌에 압류 또는 가압류가 되면 입출금을 할 수 없게 된다. 그러나 압류된 예금계좌의 잔액을 출금할 수 없어 생계가 곤란하다는 등의 사유를 압류금지채권범위변경 신청을 통해 법원에 소명하고, 결정을 득하게 되면, 금185만원 미만의 잔액 내에서 입출금을 가능하게 할 수 있다.

소명을 위한 첨부서류는 일반적으로 다음과 같으나, 이때 필요한 서류는 각 법원마다 조금씩 상이할 수 있으니 해당 사건번호를 가지고 관할 법원에 전화하여 문의하면 정확하게 확인할 수 있다.

1. 채권압류 및 추심명령 결정문
2. 주민등록표 등본
3. 지방세 세목별 과세증명서(민원24에서 미과세증명으로 발급)
4. 은행의 1년치 잔액증명서, 거래내역서 또는 무거래확인서

5. 기타 생계 곤란을 소명할 수 있는 서류 등

민사집행 서류(압류금지채권의 범위변경) 홈 > 서류 제출 > 민사집행 서류   ⓘ 화면도움말 🖨 출력

1 단계 / 문서작성

1단계 / 2단계 / 3단계 / 4단계
문서작성 / 전자서명 / 소송비용납부 / 문서제출

1 신청정보   **2** 첨부서류   **3** 작성문서확인

● 본사건기본정보

법 원	서울 지방법원	사건번호	2018타채
재 판 부	기타집행계	사 건 명	채권압류 및 추심명령
채권자	공대일	채무자	

사건기본정보   * 필수입력사항

* 사건명	압류금지채권의 범위변경
집행권원	☐ 집행권원 없음

저장

당사자목록   신청인 0명 / 피신청인 0 명   당사자입력

당사자 구분	당사자명 (회원아이디)	대표자	알림서비스	삭제
조회결과가 존재하지 않습니다.				

집행권원목록   집행권원입력

발급법원	집행권원 발급번호	집행권원 서류명	파일명	서류명 변경	삭제
조회결과가 존재하지 않습니다.					

신청취지 및 이유   * 필수입력사항

* 신청취지	(0 / 4000 Bytes)

피신청인이 신청한 00지방법원 2013타채000호 채권압류 및 추심명령신청사건에 관하여 이 법원이 2013. 00. 00. 자 결정한 별지목록 기재의 채권에 대한 채권압류 및 추심명령 부분은 취소한다.

[신청취지별지 첨부하기]

● 첨부가능한 파일 형식 : HWP, DOC, DOCX, PDF, TXT, BMP, JPG, JPEG, GIF, TIF, TIFF, PNG (PDF파일로 자동변환, 10MB까지 첨부가능)

* 신청이유	● 직접입력 (0 / 4000 Bytes)

1. 피신청인은 신청인의 제3채무자에 대한 채권에 대하여 채권압류 및 추심명령을 신청하여 귀원이 2013. 00. 00. 자 결정에 의해 별지목록 기재 채권에 대하여 채권압류 및 추심명령을 하여, 제3채무자에게 2013. 00. 00. 일에 송달되었습니다.
2. 그런데 신청인은 기초생활보장수급자로서 정부지원생계비를 매월 평균 약 43만원을 제3채무자인 △△은행의 계좌(00-000-0000)로 받고 있으며, 이렇다 할 별도의 수입이 없어서 위 정부지원생계비만으로 근근이 생활하고

○ 내용파일첨부
[첨부하기]

● 첨부가능한 파일 형식 : HWP, DOC, DOCX, PDF, TXT, BMP, JPG, JPEG, GIF, TIF, TIFF, PNG (PDF파일로 자동변환, 10MB까지 첨부가능)
신청이유는 신청취지를 뒷받침하는 주장사실만을 기재하여 작성하시고, 신청이유 이외 다른 기재내용은 첨부되지 않도록 하여 주시기 바랍니다.

저장

저장   다음

❶ 서류제출 – 민사집행서류 – 채권압류 등 – 부수신청 – 압류금지 채권의범위변경 신청서

❷ 당사자목록

❸ 집행권원목록

❹ 신청취지 및 이유

신청취지 작성 예

피신청인이 신청한 ○○지방법원 20○○타채○○○호 채권압류 및 추심명령신청사건에 관하여 이 법원이 20○○. ○○. ○○.자 결정한 별지목록 기재의 채권에 대한 채권압류 및 추심명령 부분은 취소한다.

신청이유 작성 예

1. 피신청인은 신청인의 제3채무자에 대한 채권에 대하여 채권압류 및 추심명령을 신청하여 귀원은 2013. ○○. ○○.자 결정에 의해 별지목록 기재 채권에 대하여 채권압류 및 추심명령을 하여, 제3채무자에게 2013. ○○. ○○. 일에 송달되었습니다.

2. 그런데 신청인은 기초생활보장수급자로서 정부지원생계비로 매월 평균 약 43만 원을 제3채무자인 △△은행의 계좌(00-000-0000)로 받고 있으며, 이렇다 할 별도의 수입이 없어서 위 정부지원생계비만으로 근근이 생활하고 있습니다.

3. 그렇다면 위 생계비는 국민기초생활보장법 제35조에 의하여 압류금지채권으로정한 것으로, 신청인이 지급받는 위 급여 등은 민사집행법 제246조 제1항 제1호 소정의 "법령에 규정된 부양료"에 해당하므로, 민사집행법 제246조 제2항에 의하여 부득이 별지 기재 채권에 대하여 압류 및 추심명령의 취소를 구하는 것입니다.

4. 한편, 현재 신청인의 위 압류등록된 계좌에는 이미 생계급여 등이 입금되어 있어, 언제라도 피신청인이 채권압류 및 추심명령에 기하여 추심을 할 가능성이 있는 상황입니다. 따라서, 민사집행법 제246조 제3항, 제 196조 제3항, 제16조 제2항에 따라 본 사건의 종국결정이 있을 때까지 집행을 정지하는 잠정처분결정을 하여 주시기를 바랍니다.

❺ 법원에 문의한 첨부서류 소명자료를 모두 준비, 스캔하여 파일첨부 - 등록 - 작성완료

- 배당요구채권자의압류채권추심허가 신청서

압류채권자가 추심절차를 게을리 한 때에는 집행력 있는 정본으로 배당을 요구한 채권자는 일정한 기간 내에 추심하도록 최고하고, 최고에 따르지 아니한 때에는 법원의 허가를 얻어 직접 추심할 수 있다.(민사집행법 제250조)

추심허가 신청 시에는 내용증명에 의한 최고서 등의 소명자료를 함께 제출해야 한다. 이 신청이 정당하다고 인정되면, 법원은 압류채권자가 추심절차를 게을리 하였는지 심문, 확인하고 신청인에게 압류채권추심을 허가하는 취지의 재판을 한다. 이 재판에 의하여 추심명령을 얻고 있던 압류채권자는 추심권을 상실하게 되고, 추심권은 허가받은 신청인인 배당요구채권자에게 이전된다. 압류채권자가 추심명령을 얻은 상태가 아니었다 하더라도 배당요구채권자는 추심명령 없이 추심권을 취득한다. 배당요구채권자가 추심 허가를 받았음에도 추심할 채권의 행사를 게을리 한 때에는 이로써 생긴 채무자의 손해를 부담한다.(민사집행법 제239조)

❶ 서류제출 - 민사집행서류 - 채권압류 등 - 부수신청 - 배당요구채권자의압류채권추심허가 신청서

❷ 전반적인 신청방법은 주신청의 채권압류 및 추심명령 신청서와 동일하다. 채권압류 및 추심명령 신청의 방법을 참조하여 작성한다.

• 신청취지 (110 / 4000 Bytes)

신청인은 채무자가 제3채무자에 대하여 가지고 있는 별지목록 기재의 채권을 추심 할 수 있다.
라는 재판을 구합니다.

[신청취지별지 첨부하기]

• 첨부가능한 파일 형식 : HWP, DOC, DOCX, PDF, TXT, BMP, JPG, JPEG, GIF, TIF, TIFF, PNG (PDF파일로 자동변환, 10MB까지 첨부가능)

• 신청이유 ⊙직접입력 (486 / 4000 Bytes)

1. 신청인은 위 사건에 관하여 채무자에 대한 ○○지방법원 00가단 00 ○○○청구사건의 집행력 있는 판결정본에 의하여 배당요구의 신청을 하였는 바, 채권자는 위 사건에 관하여 추심명령을 받았음에도 불구하고 그 추심절차를 해태하고 있어서, 신청인은 20 . . . 채권자에 대하여 최고서 송달 받은 다음날부터 10일 내에 추심할 것을 최고하여 20 . . . 에 정히 송달된 바 있는데도, 채권자는 이 기간 내에 추심권을 행사하지 아니하고 아무런 이의가 없었으므로 신청취지와 같은 재판을 구하는 것입니다.

○ 내용파일첨부
[첨부하기]

• 첨부가능한 파일 형식 : HWP, DOC, DOCX, PDF, TXT, BMP, JPG, JPEG, GIF, TIF, TIFF, PNG (PDF파일로 자동변환, 10MB까지 첨부가능)
신청이유는 신청취지를 뒷받침하는 주장사실만을 기재하여 작성하시고, 신청이유 이외 다른 기재내용은 첨부되지 않도록 하여 주시기 바랍니다.

[저 장]

❸ 신청취지 및 이유

신청취지 작성 예

신청인은 채무자가 제3채무자에 대하여 가지고 있는 별지목록 기재의 채권을 추심 할 수 있다. 라는 재판을 구합니다.

신청이유 작성 예

신청인은 위 사건에 관하여 채무자에 대한 ○○지방법원 00가단 00 ○○○청구사건의 집행력 있는 판결정본에 의하여 배당요구의 신청을 하였는 바, 채권자는 위 사건에 관하여 추심명령을 받았음에도 불구하고 그 추심절차를 해태하고 있어서, 신청인은 20 . . . 채권자에 대하여 최고서 송달 받은 다음날부터 10일 내에 추심 할 것을 최고하여 20 . . . 에 정히 송달된 바 있는데도, 채권자는 이 기간 내에 추심권을 행사하지 아니하고 아무런 이의가 없었으므로 신청취지와 같은 재판을 구하는 것입니다.

5. 채권압류 등 관련문건

채권압류 등 관련문건

- 집행정지(중지)신청서

이미 집행한 강제집행을 법원으로부터 집행정지결정을 받아 집행정지(중지)신청할 때 작성/제출한다.

민사집행법에서 규정한 강제집행정지 사유

1) 집행할 판결 또는 그 가집행을 취소하는 취지나, 강제집행을 허가하지 아니하거나 그 정지를 명하는 취지 또는 집행처분의 취소를 명한 취지를 적은 집행력 있는 재판의 정본

2) 강제집행의 일시정지를 명한 취지를 적은 재판의 정본

3) 집행을 면하기 위하여 담보를 제공한 증명서류

4) 집행할 판결이 있은 뒤에 채권자가 변제를 받았거나, 의무이행을 미루도록 승낙한 취지를 적은 증서

5) 집행할 판결, 그 밖의 재판이 소의 취하 등의 사유로 효력을 잃었다는 것을 증명하는 조서등본 또는 법원사무관등이 작성한 증서

6) 강제집행을 하지 아니한다거나 강제집행의 신청이나 위임을 취하한다는 취지를 적은 화해조서의 정본 또는 공정증서의 정본

❶ 서류제출 – 민사집행서류 – 채권압류 등 – 채권압류등 관련문건 – 집행정지(중지)신청서

❷ 집행정지(중지)신청서

위 당사자 사이의 귀원 20ㅇㅇ타채ㅇㅇㅇ호 채권압류 및 추심명령에 관하여 채무자 △△△는 서울중앙지방법원 20ㅇㅇ 카기 ㅇㅇㅇ 강제집행정지결정을 받아 위 결정정본을 첨부하여 신청하니 위 채권압류 및 추심명령 집행을 정지(중지)하여 주시기 바랍니다.

＊송달료납부 : '기본적인 사항'을 참조하여 작성한다.

- 제3채무자진술서

제3채무자진술최고서를 받은 제3채무자가 작성하는 진술서이다. 집행법원의 진술최고를 받은 제3채무자는 진술최고서를 받은 후 1주 이내에 서면으로 기재된 사항을 진술할 의무가 있다. 진술이 완료되기 전 강제집행정지결정이 있더라도 진술의무가 소멸되지는 않는다.

1. 채권을 인정하는지의 여부와 관련하여

2. 채권에 대하여 지급할 의사가 있는지의 여부와 관련하여

3. 채권에 대하여 다른 사람으로부터 청구가 있었는지의 여부와 관련하여

4. 다른 채권자에게 채권을 (가)압류당한 사실이 있는지의 여부와 관련하여

각 질문에 있는 그대로 답변을 작성하면 된다. 이 진술은 채무의 승인으로는 볼 수 없어 이 자체만으로는 구속력이 없다. 따라서 이 제3채무자의 진술은 단순한 사실의 진술에 불과하다.

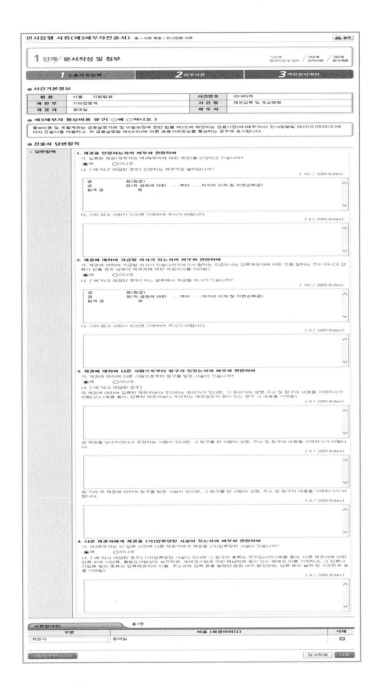

253

❶ 서류제출 – 민사집행서류 – 채권압류 등 – 채권압류등 관련문건 – 제3채무자진술서

– 채권압류액의 제한허가신청서

채권자의 별지목록에 기재된 채권압류액이 과도한 때에, 채무자의 신청으로 나머지부분의 처분과 영수를 허가하여 달라는 신청. 별도의 양식이 전자소송내의 홈페이지에 제공되지 않으므로 다음의 양식을 참고하여 작성해둔다.

채권압류액의 제한허가신청

채 권 자   ○○○(주민등록번호)
          ○○시 ○○구 ○○길 ○○
          전화번호 :
          팩스번호 :
채 무 자   ○○○(주민등록번호)
          ○○시 ○○구 ○○길 ○○
          전화번호 :
          팩스번호 :
제3채무자   ○○○
          ○○시 ○○구 ○○길 ○○(우편번호)
          전화번호 :
          팩스번호 :

신 청 취 지

1. ○○지방법원 20○○타채○○○ 채권압류 및 추심명령사건에 관하여, 채권자가 채무자의 제3채무자에 대한 별지목록 기재 채권에 관하여 추심할 한도를 그 청구금액인 금 9,500,000원으로 제한한다.
2. 채무자는 제3채무자에 대하여 가지는 채권 가운데 위 제한액을 초과하는 금액에 관하

여 그 처분 또는 영수를 할 수 있다.

라는 재판을 구합니다.

신 청 이 유

1. 위 당사자 사이의 ○○지방법원 20○○타채○○○ 채권압류 및 추심명령사건에 관하여, 채무자가 제3채무자에 대하여 가지는 별지목록 기재 채권에 대하여 채권압류 및 추심명령이 발령되었는바, 위 압류 및 추심할 채권액은 금 15,000,000원이고, 채권자의 집행채권액은 금 6,000,000원 및 이에 대한 20○○. ○. ○.부터 20○○. ○○. ○○.까지 연 ○○%의 이자 금 ○○○○원의 합계 금 7,500,000원이므로 향후 추가 추심소요기간까지의 지연손해금을 고려하더라도 금 9,500,000원 범위 내에서만 채권자가 추심하면 채권자의 채권을 만족하기에 충분합니다.

2. 또한, 채무자에 대하여 위 채권자를 제외하고는 다른 채권자가 있지도 않습니다.

3. 따라서 채권자의 압류 및 추심할 금액을 금 9,500,000원으로 제한하도록 하고, 그 초과부분은 채무자가 추심할 수 있도록 허가하여 주실 것을 민사집행법 제232조 제1항 단서에 의하여 신청합니다.

첨 부 서 류

1. 송달료납부서   1통

20○○.   ○.   ○.

위 채무자   ○○○ (서명 또는 날인)

○○지방법원 ○○지원 귀중

[별 지]

압류 및 추심된 채권의 표시

금 15,000,000원

채무자가 제3채무자로부터 20○○. ○. ○. 제3채무자 소유인 ○○ ○○시 ○○길 ○○-○ 점포를 임차하면서 지급한 임차보증금 15,000,000원의 반환청구채권. 끝.

❶ 서류제출 – 민사집행서류 – 채권압류 등 – 채권압류등 관련문건 – 채권압류액의 제한허가신청서

❷ 파일첨부하기 – 다음 – 작성완료

– 사실조회신청서

❶ 서류제출 – 민사집행서류 – 채권압류 등 – 채권압류등 관련문건 – 사실조회신청서

＊민사서류 – 민사본안 – 사실조회신청서를 참조하여 작성한다.

– 사용증명신청서

사용증명신청을 하면 '사용증명원'을 발급받을 수 있다. 용도는 또 다른 강제집행을 위해 집행력 있는 정본을 재발급 받는 목적으로 사용된다. 일반적으로 채권압류 및 추심명령 등 강제집행 신청할 때 함께 발급받아 두는 것이 편하다. 법원에서 최초 1회는 전자소송홈페이지에서 사용증명원을 발급해주지만, 1회 이후부터는 법원에 직접 방문 또는 우편의 방법으로 (재도,수통)부여 신청을 해야 한다. 별도의 양식이 전자소송내의 홈페이지에 제공되지 않으므로 다음의 양식을 참고하여 작성해둔다.

사 용 증 명 원

사 건 : 20○○ 타채   채권압류 및 추심

채권자 :

채무자 :

법원 20	(가소/가단/가합)	사건에 대한 집행력있는 판결정본
법원 20	가소	사건에 대한 집행력있는 이행권고결정정본
공증인가 법무법인	증제	호 집행력있는 공정증서
법원 20	차(전)	사건에 대한 집행력있는 지급명령정본

20 . . .

채권자 :   (인)

○○지방법원 ○○지원 귀중

참고자료 - 집행문(재도. 수통)부여신청서

집행문(재도.수통)부여신청서

인지

사건번호   20

원 고 (이름)   (주민등록번호   -   )

        (주소)

        (연락처)

피 고 (이름)   (주민등록번호   -   )

        (주소)

위 사건에 관하여 귀원에서 선고한 판결의 집행력 있는 정본 1통을 이미
부여받은바 있으나, 다음 사유로 집행력 있는 정본 1통을 (재도, 수통)부
여해 주시기 바랍니다.

사   유 :

첨부서류 :

                    20 .   .   .

            신청인(원,피고)   (날인 또는 서명)

                            ○○○○**법원 귀중**

                    ◇ 유의사항 ◇

1. 재도부여신청은 이미 법원으로부터 부여받은 집행력있는 정본을 분실.멸실 등의 경우
   에 다시 집행력있는 정본(집행문부여 및 집행권원정본 신청)을 부여받고자 하는 신청
   으로 재판장의 허가가 필요합니다.
2. 수통부여신청은 원고가 동시에 여러 지역에 대한 강제집행을 하거나 여러 개의 서로
   다른 집행방법에 의하여 강제집행을 할 경우에 하는 신청으로 재판장의 허가가 필요
   합니다.
3. 위 신청의 경우에는 사유를 기재하여야 하며 이를 증명할 서류(분실신고 접수증) 또는
   집행력있는 정본이 다른 곳에서 사용중임을 증명하는 서류 등을 첨부하여야 합니다.
4. 집행문부여신청인지액은 500원이고, 정본이 없는 경우에는 정본교부대금(5장이하인 경
   우 1,000원)은 별도로 지급하여야 합니다.

– 등기기입(말소)촉탁신청서

제3채무자에 대하여 근저당권 있는 채권에 채권압류명령을 받았을 때나 저당권 있는 채권압류 및 전부명령에 의해 저당권이전 등기촉탁 등, 해당 사실을 등기부에 기입하거나, 말소를 신청할 때 쓰인다. 압류가 아닌 가압류기입등기촉탁신청은 민사서류에 따로 있으니 참고한다.

❶ 서류제출 – 민사집행서류 – 채권압류 등 – 채권압류등 관련문건 – 등기기입(말소)촉탁신청서

❷ 등기기입(말소)촉탁신청서

신청취지 작성 예

채권자는 20ㅇㅇ. ㅇ. ㅇ. 귀원 20ㅇㅇ타채ㅇㅇㅇ호로 채무자의 제3채무자에 대한 근저당권 있는 채권에 관하여 근저당권 있는 채권압류명령을 받았는바, 위 압류를 등기부에 기입하도록 관할등기소에 촉탁하여 주실 것을 신청합니다.

❸ 등기촉탁수수료목록

'8. 부동산/자동차 강제경매'의 1. 등기신청 수수료 납부, 2. 등록면허세 납부를 참조하여 작성한다.

❹ 채권의 표시 – 입력

내역 작성 예

ㅇㅇ지방법원 등기소 20ㅇㅇ.ㅇㅇ.ㅇㅇ. 접수 제△△△△호 순위△△번 근저당권있는 채권

❺ 부동산의 표시 – 입력

다음은 대전광역시 동구에 있는 한 건물의 등기부등본이다.

등기부등본에 나와 있는 등기고유번호, 부동산 종류, 소재지번을 확인하여 제출방식, 부동산종류, 대표소재지등을 입력한다.

이렇게 발급된 부동산 등기부등본을 보고 '직접입력'을 통해 작성해도 되지만 '전자제출용 등기부등본'이 있다면 '발급내역'을 클릭하여 편하게 목적물 기본정보를 작성할 수 있다. '발급내역'을 클릭하면 다음과 같이 발급해둔 전자소송용 등기부등본의 발급정보가 나오므로 해당 부동산을 체크하여 저장한다. – 다음이하 생략

– 집행해제(취소)신청서

채권자가 채권압류 결정 후 채무자와의 원만한 합의 등의 사유로 압류를 해제(취소)하고자 하는 경우 본 신청서를 작성/제출한다. 채권자는

261

언제든지 채무자의 동의 없이 집행해제(취소)신청을 할 수 있다.

❶ 서류제출 - 민사집행서류 - 채권압류 등 - 채권압류등 관련문건
- 집행해제(취소)신청서

❷ 집행해제(취소)신청서

위 당사자 사이의 귀원 20○○타채○○○○호 사건에 관하여 별지목록 기재 채권에 대한 압류 집행의 해제를 신청합니다.

＊송달료납부 기본정보 : '기본적인 사항'을 참조하여 작성한다. — 추가 — 임시저장 — 다음 이하 생략.

— 보정서

❶ 서류제출 — 민사집행서류 — 채권압류 등 — 채권압류등 관련문건 — 보정서

＊민사집행서류 — 재산조회/채무불이행자명부 — 재산조회/채무불이행자명부 관련문건 — 보정서를 참조하여 작성한다.

— 압류해제및취소신청서(채무자개인회생,채무자청구이의,채무자파산면책)

채무자가 개인회생 개시결정문, 청구이의 승소판결문, 파산 면책결정문을 첨부하여 압류해제 및 취소신청시 작성/제출한다.

❶ 서류제출 — 민사집행서류 — 채권압류 등 — 채권압류등 관련문건 — 압류해제및취소신청서(채무자개인회생,채무자청구이의,채무자파산면책)

위 사건에 관하여 채무자는 별지와 같이 개인회생결정이 인가되었으므로 별지목록에 대한 집행을 해제하여 주시기 바랍니다. — 송달료납부 정보입력 — 추가 — 임시저장 — 다음 이하 생략.

❷ 신청서류정보 입력

– 집행권원환부신청서

채무자의 재산에 압류를 했으나 실익이 없는 경우 해당 사건을 취하를 한 후, 법원에 제출한 집행권원(지급명령, 판결문, 조정조서, 약속어음공증, 금전소비대차공증 등)환부신청을 할 수 있다. 환부 받은 집행권원으로 채무자의 또 다른 재산에 압류를 시도할 수 있다.

별도의 양식이 전자소송내의 홈페이지에 제공되지 않으므로 다음의 양식을 참고하여 작성해둔다.

집행권원 환부신청

사건번호 2000타채 0000 채권압류 및 추심명령

채 권 자 ○○○
　　　　　　주소

채 무 자 ○○○
　　　　　　주소

제3채무자1 주식회사 국민은행 외 2
제3채무자2 ○○○

　위 사건에 관하여 채권자는 채권압류 및 추심명령신청을 취하하였습니다. 그러므로 위 신청당시 제출한 집행권원을 환부하여 주시기 바랍니다.

20○○. ○○. ○○.

채권자 ○○○

○○지방법원 귀중

❶ 서류제출 – 민사집행서류 – 채권압류 등 – 채권압류등 관련문건
– 집행권원환부신청서

❷ 파일첨부하기 – 다음 – 작성완료

– 신청취하서

❶ 서류제출 – 민사집행서류 – 채권압류 등 – 채권압류등 관련문건

- 신청취하서

*민사집행서류 – 재산명시/감치 관련문건 – 신청취하서를 참조하여 작성한다.

- 추심신고서

민사집행법 제236조(추심의 신고) ①채권자는 추심한 채권액을 법원에 신고하여야 한다. ②제1항의 신고전에 다른 압류·가압류 또는 배당요구가 있었을 때에는 채권자는 추심한 금액을 바로 공탁하고 그 사유를 신고하여야 한다

채무자의 재산에 압류 후 제3채무자로부터 채권을 회수한 경우 채권자는 이를 법원에 신고하여야 한다. 채권자가 청구금액 및 집행비용에 관하여 완전한 만족을 얻은 경우, 채권자가 추심신고를 한때 강제집행은 종료된다. 해당 사건을 별도로 해제할 필요는 없다.

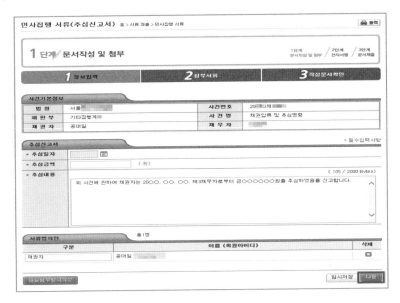

❶ 서류제출 – 민사집행서류 – 채권압류 등 – 채권압류등 관련문건
– 추심신고서

❷ 추심신고서

추심일자 선택, 추심금액 입력, 추심내용 작성 예 : 위 사건에 관하여
채권자는 20○○.○○.○○. 제3채무자로부터 금○○○○○○원을 추
심하였음을 신고합니다. – 다음

❸ 추심시에 받은 영수증 등을 첨부, 제출 완료한다.

– **주소보정서**(특별송달,공시송달,재송달신청)

소장을 송달하였으나 폐문부재, 이사불명 등으로 송달이 되지 않아,
법원으로부터 주소보정명령을 받은 경우 주소보정서를 작성/제출한다.
이 때 채무자가 송달받을 수 있는 주소와 시간을 고려하여 재송달, 특별
송달(주간송달, 야간송달, 휴일송달), 공시송달 중 선택한다. 소송의 종
류에 따라 공시송달이 불가능한 경우도 있으니 미리 확인하여야 한다.

❶ 서류제출 – 민사집행서류 – 채권압류 등 – 채권압류등 관련문건
– 주소보정서(특별송달,공시송달,재송달신청)

❷ 주소보정명령 목록

법원에서 보정명령서를 보내면 목록에 다음과 같이 나오는데 보정할
명령서를 선택하고, 주소보정명령이 없었다면 '주소보정명령 없음'을 선
택한다.

❸ 소송서류정보 입력

＊보정대상 구분 : 보정대상에 따라 피고, 피신청인, 채무자, 채3채무

자 등 입력한다.

＊보정대상 성명 : 보정대상의 성명을 입력한다.

＊주소변동 여부 : 기존 송달주소와 동일한 경우 '주소변동 없음', 채무자의 기존 송달주소와 다른 주소로 보내는 경우 '주소변동 있음'을 선택하고 주소를 입력한다.

＊송달신청

'재송달 신청'은 기존의 송달주소와 동일한 주소로 다시 송달하려는 경우 선택한다. 송달료는 자동입력된다.

'특별송달신청'은 주간송달, 야간송달, 휴일송달 중에 우편물을 송달받을 수 있는 사람이 있을만한 시간대를 고려하여 선택한다.

'공시송달신청'은 당사자의 주소 또는 송달장소를 알 수 없고, 행방을 알 수 없어 통상의 송달방법으로는 송달할 수 없는 경우 마지막으로 인정되는 송달방법이다. 서류를 공고한 후 2주가 경과하면 당사자에서 송달된 것으로 간주하여 후속재판을 계속 진행할 수 있다. 공시송달은 소송의 종류에 따라 그 요건이 다르므로 재판부에 미리 문의한 후 진행하도록 한다. ― 이하 생략.

― 당사자표시정정신청서

서류 제출 시 당사자표시를 오기한 경우 당사자표시정정신청을 통하여 채권자, 채무자의 표시를 정정할 수 있다.

❶ 서류제출 ― 민사집행서류 ― 채권압류 등 ― 채권압류등 관련문건 ― 당사자표시정정신청서

❷ 정정 당사자 정보

＊정정자 구분 : 채권자, 채무자, 제3채무자 중 선택

＊정정 전 당사자 : 당사자 선택

＊정정 후 당사자 : 정정 후 당사자의 정보를 입력.

❸ 당사자표시정정신청서

이 사건에 관하여 채권자는 채권자(선택)를 잘못 표시하였으므로, 다음과 같이 채권자(선택) 표시를 정정 신청합니다.

원고는 피고의 사망 사실을 모르고 사망자를 피고로 표시하여 소를 제기하였으므로 사망자의 상속인인 ○○○로 피고의 표시를 정정하여 주시기 바랍니다. – 다음 이하 생략.

– 제3채무자에 대한 진술최고신청서

채권자가 채무자의 재산에 압류신청을 하는 경우, 해당 재산에 피압류채권이 존재하는지, 존재한다면 그 액수는 얼마인지, 제3채무자가 지급할 의사가 있는지, 다른 채권자가 먼저 압류한 사실이 있는지 미리 알 수 있는 방법이 없기 때문에 채권자는 제3채무자에게 위와 같은 사실을 진술하라는 신청을 할 수 있다.

일반적으로 채권압류 및 추심명령신청과 동시에 제출한다. 제3채무자 진술최고신청은 압류결정 후에는 할 수 없기 때문에 신청 전 재판부에 전화를 하여 지금 전자소송을 통해 제출하였을 때 진행이 가능한지 여부를 먼저 확인 하는 것이 좋다.

❶ 서류제출 – 민사집행서류 – 채권압류 등 – 채권압류등 관련문건 – 제3채무자에 대한 진술최고신청서

❷ 진술최고신청서(제3채무자에 대한)

   ＊진술대상 제3채무자 : 제3채무자가 수인인 경우 모두에게 신청하려면 '전체', 일부에게 신청하려면 '일부'를 선택 후 '제3채무자선택'을 클릭하여 진술대상 제3채무자를 선택한다.

   ＊신청내용

   1. 채권을 인정하는지의 여부 및 인정한다면 그 한도

   2. 채권에 대하여 지급할 의사가 있는지의 여부 및 의사가 있다면 그 한도

   3. 채권에 대하여 다른 사람으로부터 청구가 있었는지의 여부 및 청구가 있다면 그 종류

   4. 다른 채권자에게 채권을 (가)압류당한 사실이 있는지의 여부 및 그

사실이 있다면 그 청구의 종류 – 다음 이하 생략.

– 압류해제및추심포기신청서(채권자취하서)

채권자의 사정에 의해 혹은 채무자와의 원만한 합의 등으로 채무자의
재산에 대한 압류를 해제하고 추심을 포기하고자 하는 경우 본 신청서를
작성/제출한다. 채무자의 재산에 압류를 하였으나 실익이 없는 경우 본

신청서를 제출하고 법원의 해제결정이 있은 후, 집행문 환부신청을 하여 집행문을 환부 받고, 다른 재산에 강제 집행할 수 있다.

채무자의 송달료납부 기본정보를 입력해야 하니 재판부에 송달료 문의 후 은행에서 송달료를 먼저 납부해야 한다. 송달료 납부에 관하여는 '기본적인 정보'를 참조하여 작성한다.

❶ 서류제출 – 민사집행서류 – 채권압류 등 – 채권압류등 관련문건 – 압류해제및추심포기신청서(채권자취하서)

❷ 신청서류정보 입력

신청취지 작성 예

위 사건에 관하여 채권자는 사정에 의하여 별지기재 채권을 전부 취하 하므로 집행을 해제 하여 주시기 바랍니다. – 송달료납부 기본정보 입력 – 임시저장 – 다음 이하 생략.

– 즉시항고장/특별항고장

❶ 서류제출 – 민사집행서류 – 채권압류 등 – 채권압류등 관련문건 – 즉시항고장/특별항고장

＊민사집행서류 – 재산명시/감치 – 재산명시/감치 관련문건 – 즉시항고장/특별항고장을 참조하여 작성한다.

– 참고자료

❶ 서류제출 – 민사집행서류 – 채권압류 등 – 채권압류등 관련문건 – 참고자료

＊민사집행서류 – 재산명시/감치 – 재산명시/감치 관련문건 – 참고
자료를 참조하여 작성한다.

– 사법보좌관처분에 대한 이의신청서

❶ 서류제출 – 민사집행서류 – 채권압류 등 – 채권압류등 관련문건
– 사법보좌관처분에 대한 이의신청서

＊민사집행서류 – 재산조회/채무불이행자명부 – 재산조회/채무불
이행자명부 관련문건 – 사법보좌관처분에 대한 이의신청서를 참조하여
작성한다.

– 위임장

❶ 서류제출 – 민사집행서류 – 채권압류 등 – 채권압류등 관련문건
– 위임장

＊민사집행서류 – 재산명시/감치 – 재산명시/감치 관련문건 – 위임
장을 참조하여 작성한다.

– 기타

❶ 서류제출 – 민사집행서류 – 채권압류 등 – 채권압류등 관련문건 – 기타
＊민사집행서류 – 재산명시/감치 – 재산명시/감치 관련문건 – 기타
를 참조하여 작성한다.

- 신청취하서(일부)

수인의 채무자 또는 제3채무자 중 일부의 신청을 취하할 때 작성/제출한다.

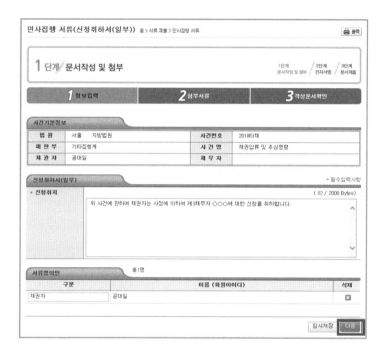

❶ 서류제출 - 민사집행서류 - 채권압류 등 - 채권압류등 관련문건 - 신청취하서(일부)

신청취지 작성 예

위 사건에 관하여 채권자는 사정에 의하여 제3채무자 ○○○에 대한 신청을 취하합니다. - 다음 이하 생략.

– 압류해제 및 추심포기신청서(일부)

채권자가 채무자의 재산에 대하여 압류한 채권의 일부를 해제하고 일부의 추심을 포기하고자 할 때 본 신청서를 작성/제출한다.

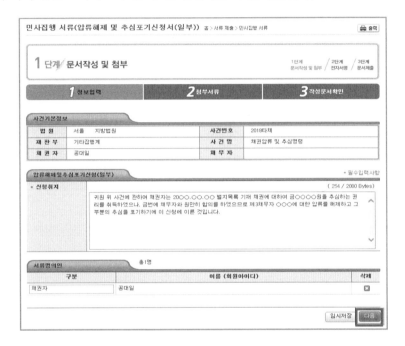

❶ 서류제출 – 민사집행서류 – 채권압류 등 – 채권압류등 관련문건 – 압류해제 및 추심포기신청서(일부)

❷ 압류해제및추심포기신청(일부)

신청취지 작성 예

귀원 위 사건에 관하여 채권자는 20○○.○○.○○ 별지목록 기재 채권에 대하여 금○○○○원을 추심하는 권리를 취득하였으나, 금번에 채무자와 원만히 합의를 하였으므로 제3채무자 ○○○에 대한 압류를 해제하고 그 부분의 추심을 포기하기에 이 신청에 이른 것입니다. – 임시저장 – 다음 이하 생략.

– 강제집행속행신청서

강제집행속행 신청서는 진행 중인 강제집행 사건이 어떠한 사유로 중단된 경우, 이 사유가 해소되었다면, 사건을 계속적으로 속행하겠다는 신청을 할 때 제출한다. 강제집행이 정지되었을 때, 강제집행의 정지 결정을 명한 재판이 실효됨을 증명하게 되면 집행이 속행된다. 그러나 강제집행이 취소된 경우에는 강제집행을 다시 신청하여야 한다.

압류조서등본, 강제집행정지결정정본(사본), 소취하증명원 등을 첨부서류로 제출한다.

❶ 서류제출 – 민사집행서류 – 채권압류 등 – 채권압류등 관련문건 – 강제집행속행신청서

❷ 신청취지 및 이유

신청취지 작성 예

신청인(채권자)의 피신청인(채무자)에 대한 공증인가 ㅇㅇㅇ법무법인 20ㅇ ㅇ년 증서 제ㅇㅇㅇ호의 집행력 있는 공정증서정본에 기초한 강제집행에 대하여 귀원 20ㅇㅇ타기ㅇㅇㅇ호 강제집행정지결정에 따라 정지된 신청인의 피신청인에 대한 강제집행을 계속하도록 명한다. 라는 결정을 구합니다.

신청이유 작성 예

1. 신청인(채권자)은 피신청인(채무자)에 대한 공증인가 ㅇㅇㅇ법무법인 20ㅇㅇ년 증서 제ㅇㅇㅇ호의 집행력 있는 공정증서정본에 의하여 ㅇㅇ지방법원소속 집행관에게 위임하여 20ㅇㅇ. ㅇ. ㅇ.피신청인 소유의 유체동산을 일부 압류하였는데, 피신청인은 신청인에 대하여 위 집행권원에 표시된 모든 채권을 변제하였다는 이유로 귀원에 청구이의의 소를 제기하고 20ㅇㅇ. ㅇㅇ. ㅇ. 위 강제집행에 대한 정지결정을 받아 위 강제집행을 정지시켰습니다.
2. 그런데 피신청인이 주장하는 청구이의는 이유 없음이 명백하므로 피신청인은 위 청구이의의 소에서 승소하기 어려움을 예측하고 위 청구이의의 소를 취하하였습니다.
3. 그렇다면 위 강제집행은 계속되어야 마땅할 것이므로 이 사건 강제집행 속행신청에 이른 것입니다. – 다음이하 생략.

– 항고이유서

법원의 결정과 명령에 불복하는 경우, 항고인은 항고의 이유를 기재하여 법원에 항고이유서를 제출하여 항고를 제기할 수 있다. 법원에 즉

항 고 이 유 서

사건 20○○ 타채 ○○○○

항고인(채무자) : ○○○
주소 : ○○시 ○○구 ○○동

피항고인(채권자) : ○○○
주소 : ○○시 ○○구 ○○동

다음
위 사건에 관하여 항고인(채무자)은 다음과 같이 그 이유를 밝힙니다.

- 항 고 이 유 -

1. 항고결정 이유
원 결정은 정당한 것임에도 불구하고 이를 취소한 항고결정은 이상과 같은 이유로서 부당하므로 다시 취소되어야 할 것이라고 생각됩니다.

예) 피압류채권이 압류금지채권이므로 위 압류명령은 부당하기에 이 항고를 하는 바입니다.

20○○년 ○○월 ○○일

항고인(채무자) ○○○ (인)

○○지방법원 귀중

시항고장을 제출하였다면, 20일 이내에 항고이유서를 작성, 제출해야 한다. 만일 항고이유서를 제출하지 않으면 기각될 수 있다.

항고이유서는 별도의 양식이 전자소송내의 홈페이지에 제공되지 않으므로 다음의 양식을 참고하여 작성해둔다. 항고이유서 작성 시 항고이유로 절차상의 이유를 기재하는 것은 항고의 이유가 될 수 있다.

민사집행 서류(항고이유서) 홈 > 서류 제출 > 민사집행 서류   ⓘ 화면도움말 🖨 출력

1 단계 / 문서작성 및 첨부

| 1단계 문서작성 및 첨부 | / 2단계 전자서명 | / 3단계 문서제출 |

1 소송서류입력   **2 입증/첨부서류**   **3 작성문서확인**

● 사건기본정보

법 원	서울 지방법원	사건번호	2018타채
재 판 부	기타집행계	사 건 명	채권압류 및 추심명령
채 권 자	공대일	채 무 자	

● 항고이유서 입력   * 필수입력사항

서류명	항고이유서
* 첨부파일	첨부파일이 없습니다. [파일첨부하기] [파일삭제하기]
* 파일첨부	

파일 이름	파일크기
[InnoDS]	
0.00KB/500.00MB	

▸ 입증서류(증거)와 첨부서류는 다음단계에서 각각 별도의 파일로 제출하시기 바랍니다.
▸ 첨부가능한 파일 형식 (10MB까지 첨부가능) : HWP, DOC, DOCX, PDF, TXT, BMP, JPG, JPEG, GIF, TIF, TIFF, PNG
▸ 전자기록뷰어 문서로 변환처리를 위해 일정 시간이 소요됩니다.
▸ 민사소송 등에서의 전자문서 이용 등에 관한 규칙 제8조 제4항에 따라 원칙적으로 HWP, DOC 등 원본 파일을 직접 제출하여야 하므로, 출력물을 스캔하여 제출하지 않도록 유의하시기 바랍니다.
▸ 입증서류와 첨부서류를 추가 제출하실 경우에는 다음 단계로 이동하여 입력하시기 바랍니다.
▸ 서류명에 특수문자(/, ₩, :, *, ?, ", <, >, |, =, %, &)는 입력할 수 없습니다.

서류명의인   총1명

구분	이름 (회원아이디)	삭제
채권자	공대일	☒

[임시저장] [다음]

❶ 서류제출 – 민사집행서류 – 채권압류 등 – 채권압류등 관련문건

– 항고이유서

❷ '파일첨부하기'를 클릭하여 미리 작성해둔 항고이유서 파일을 첨부한다. – 다음 이하 생략.

– 송달장소 및 송달영수인 신고서

❶ 서류제출 – 민사집행서류 – 채권압류 등 – 채권압류등 관련문건 – 송달장소 및 송달영수인 신고서

＊민사집행서류 – 재산명시/감치 – 재산명시/감치 관련문건 – 송달장소 및 송달영수인 신고서를 참조하여 작성한다.

– 개인정보정정신청서

❶ 서류제출 – 민사집행서류 – 채권압류 등 – 채권압류등 관련문건 – 개인정보정정신청서

＊민사집행서류 – 재산명시/감치 – 재산명시/감치 관련문건 – 개인정보정정신청서를 참조하여 작성한다.

– 송달료 예납처리 신청서

❶ 서류제출 – 민사집행서류 – 채권압류 등 – 채권압류등 관련문건 – 송달료 예납처리 신청서

＊민사서류 – 지급명령(독촉)신청 – 지급명령 보정서/송달 관련 – 송달료 예납처리 신청서를 참조하여 작성한다.

1. 소송의 순서

분쟁이 생겼을 때 대화와 타협으로 문제를 해결할 수 있다면 가장 좋겠지만 그렇지 않을 때 우리는 정해진 법에 따라 소송을 통해 법의 도움을 받을 수밖에 없다.

못받은 돈에 있어서 소송의 승소는 사건 해결의 해답이 결코 아니다. 실제적으로 무슨 수를 써서든 빌려준 돈을 돌려받아야 한다. 그래서 소송을 무조건 진행하는 것이 아니라 전략적으로 사용해야 한다. 무의미한 소송은 서로에게 득이 되는 것 없이 감정만 상하게 하여 상황을 더욱 악화시킬 수도 있다.

예를 들어 채권자가 돈을 갚지 못하는 채무자를 채무불이행자명부에 등록시키게 되면 채무자가 채무불이행자(신용불량자)가 되고 싶지 않아 겁을 먹고 변제해줄 수도 있다. 그러나 그렇지 않은 경우 채무자는 채무불이행자명부에 등록이 되고, 정상적인 경제활동을 할 수 없게 되어 변제를 더 어렵게 만들게 될 수도 있다. 때문에 소송은 상황에 따라 전략적으로 사용해야 한다.

혼자서 소송을 진행하기로 했다면 다른 방법은 없다. 적극적으로 행동하고 열심히 공부해야 한다. 너무 어렵거나 아주 오래 걸리지 않는다. 처음에는 용어나 절차가 다소 어렵게 느껴질 수 있지만 반복해서 보다보면 어느새 어렵지 않게 이해할 수 있게 될 것이다.

(1) 민사소송 vs 형사고소

채권자 김채권씨는 채무자 박채무가 사정이 급하다고 하여 2000만원을 빌려주었다. 갚기로 한 날짜가 벌써 몇 달이 지났는데도 박채무는 말도 안 되는 핑계를 대고, 연락도 잘 되지 않아 할 수 없이 법적으로 해결하려고 마음을 먹었다.

받지 못한 돈에 대하여 소송을 제기하려고 할 때 어떤 소송으로 진행해야 할까? 받지 못한 돈에 대해서는 기본적으로 민사소송으로 해결해야 한다. 검찰이나 경찰은 못받은 돈을 대신 받아주는 기관이 아니다. 채무자를 강하게 압박하려는 경우 사기죄로 형사고소할 수 있다. 형사고소의 경우에는 범죄사실이 인정되면 형사처벌을 받을 수 있기 때문에 이를 피하기 위해서라도 채무자가 신속하게 변제하리라는 기대를 할 수 있다. 또한 장래에 진행될 민사소송의 강력한 증거가 될 수 있다.

채무자를 사기죄로 형사고소를 할 때는 '사기'에 해당하는 정황과 증거를 정확하게 제시하는 것이 중요하다.

민사소송은 형사고소에 비해 비용과 시간이 훨씬 많이 소요된다. 민사소송을 할지, 형사고소를 할지, 아니면 동시에 진행을 할지 판단해야 한다.

또한 가장 중요한 것은 소송을 제기하고자 한다면 자신이 주장하는 사실들에 대한 충분한 증거자료가 있는지를 확인해야 한다.

(2) 법적 절차를 밟기 전에 해야 하는 일

김채권씨는 본격적으로 법적 절차를 밟아 돈을 돌려받기로 마음먹고 어떤 것부터 준비해야 하는지 알아보았다. 돈을 빌려줄 당시에 차용증을 한 장 작성했고, 박채무 명의의 예금통장 계좌번호만 알고 있다.

법적인 절차로 들어가기 전에 가장 먼저 해야 하는 일은 상대방이 재산을 다른 곳으로 은닉하거나 처분하지 못하도록 해야 한다. 아무리 소송을 해서 재산에 압류를 하더라도 재산이 없으면 채권의 만족을 얻을 수 없다. 또한 법적 조치를 취할것이라는 의사표현을 적극적으로 함으로써 심리적인 압박을 주어 채무의 변제를 유도해 볼 수 있다.

위와 같은 상황에서 김채권씨는 소송에 들어가기에 앞서 박채무를 상대로 다음과 같은 일을 해둘 수 있다.

❶ 내용증명을 보낸다. (3.내용증명의 작성)

❷ 가압류·가처분을 해둔다. (5.민사서류 ––민사신청 –민사가압류, 가처분신청서)

(3) 지급명령신청과 대여금반환소송

김채권씨는 박채무씨에게 금전을 빌려줄 당시 꼼꼼하게 차용증을 작성했기 때문에 안심하고 있었다. 그런데 막상 돈을 돌려받지 못하는 상황이 오게 되자 이 차용증을 어떻게 활용해야 하는지 몰라서 고민에 빠지게 되었다.

채무자를 상대로 재산명시신청, 채무불이행자명부등록, 재산 압류를 하기 위해서는 '집행권원'이 필요하다. 차용증이 아닌 약속어음 등의 공증을 작성해 두었더라면 이러한 '지급명령신청'이나 '대여금반환소송'이 없이 즉시 강제집행을 할 수 있다.

만약 차용증을 작성하지 않았더라도, 채무자와의 금전관계를 증명할 수 있는 다른 자료가 있다면 괜찮지만 금전관계를 증명할 수 있는 아무런 자료가 없다면 승소할 수 없다.

❶ 가장 먼저 내가 가진 집행권원이 무엇인지 확인해야 한다. (2. 시작하기 --집행권원의 발급, 집행권원이 있는 경우, 집행권원이 없는 경우)

집행권원이 이미 있다면 3항은 넘어가고 바로 채무자의 재산에 강제집행을 하면 된다.

❷ 집행권원이 없다면 지급명령신청 또는 대여금반환소송을 통해서 판결문 등의 집행권원을 득해야 하다.

지급명령신청은 대여금반환소송에 비해 저렴하고 신속하다는 장점이 있으나 채무자가 이의신청을 하게 되면 민사본안소송인 대여금반환소송 등으로 전환하여 진행해야 한다.

즉, 위 사례에서는 김채권씨는 차용증만 가지고 있으므로, 집행권원을 얻기 위해 박채무씨를 상대로 지급명령신청이나 대여금반환소송을 진행해야 한다. 이 과정에서 어떤 점을 주의해야 할지 자세히 살펴보고 진행해야 한다. (4.지급명령신청, 5.민사서류--민사본안소송)

(4) 재산명시신청/재산조회신청

김채권씨는 지급명령신청을 통하여 판결문을 얻게 되었다. 이 판결문으로 박채무의 재산에 강제집행을 할 수 있다. 김채권씨는 박채무씨의 예금계좌 말고는 알고 있는 것이 없다. 예상하기로는 통장에는 돈이 없을 것 같아 압류를 해도 소용이 없을 것 같다고 생각했다.

채권자가 집행권원을 확보한 상태에서 채무자의 재산에 강제집행을 할 수 있음에도 채무자의 재산 상태를 알 수 없을 때 관할 법원에 채무자의 재산을 명시해 줄 것을 신청할 수 있다.

법원으로부터 재산명시명령을 받은 채무자는 소유한 재산의 목록을 제출해야 하고, 만일 정당한 사유 없이 명시기일에 불출석하거나 재산목록 제출 거부, 선서를 거부한 경우에 법원으로부터 20일 이내의 감치명령에 처해질 수 있다. (6.재산명시신청)

만약 박채무에게 끝끝내 송달이 되지 않아 재산명시절차가 각하된 경우 이를 토대로 채무자의 재산조회를 신청할 수 있다. (7. 재산조회/채무불이행자명부--주신청-재산조회신청서)

(5) 부동산 강제경매 신청

김채권은 재산조회를 통하여 박채무명의의 부동산과 자동차, 그리고 다른 은행의 계좌가 있는 것을 확인했다.

김채권은 보유한 집행권원으로 박채무명의의 부동산과 자동차에 강제경매를 신청할 수 있다. 부동산과 자동차 강제경매 양식은 거의 동일

하다. (8.부동산 등 집행 신청서류 −부동산 강제경매 신청서, 자동차 강제경매 신청서)

(6) 압류

박채무의 재산조회를 해 본 결과 박채무 소유의 부동산과 알지 못했던 은행 계좌를 알게 되었다.

부동산 또는 동산 등의 재산에 강제집행을 하는 경우 그 기간이 상당히 오래 걸리고 그 처분 가격 또한 시세보다 낮은 경우가 많다. 때문에 '채권압류 및 추심명령 신청서'는 신속하고 간편하여 강제 집행의 방법 중 가장 흔하게 활용되고 있다. (9.압류−−주신청−채권압류 및 추심명령신청서)

또한 앞서 가압류 해둔 재산이 있다면 이를 본압류로 이전할 수 있다. (9.압류−−주신청−가압류를 본압류로 이전하는 채권압류 및 전부명령신청서)

(7) 채무불이행자명부등재신청

김채권은 박채무가 고의적으로 채무의 책임을 지지 않아 너무나 괘씸했다. 조금 더 확실하게 박채권을 압박하고, 불이익을 줄 수 있는 방법은 없는지 고민했다.

김채권이 재산명시신청을 통해서 박채무의 재산을 확인 하였으나 아무런 재산을 확인하지 못한 경우, 박채무가 고의로 변제하지 않는 경우,

변제 압박을 강하게 하고 싶은 경우 등에 활용할 수 있다. 다만 이 채무불이행자명부등재신청은 이 제도자체만으로 채권자에게 돌아가는 실익은 없다. 채무자가 채무불이행자명부에 등재되면 자유로운 영업활동이 어려워질 수 있기 때문에 이러한 점을 고려하여 신청하는 것이 좋다. (7.재산조회/채무불이행자명부--주신청-채무불이행자명부등재신청서)

2. 각 사례별로 알아보는 채권추심 솔루션

▷ 돈을 빌려줬는데 채무자가 돈을 갚지 않아요.

▷ 돈을 빌려주고 나서 연인과 헤어졌어요.

▷ 거래처에서 물품대금 결제를 안 해줘요.

▷ 집주인이 보증금을 돌려주지 않아요.

▷ 온라인 중고거래를 했는데 물건을 받지 못했어요.

▷ 미성년자와 거래를 했어요.

▷ 직장에서 몇 달째 급여를 못 받고 있어요.

▷ 빌려준 돈이 적은데 돌려받을 수 있을까요?

▷ 돈 빌려간 사람이 파산신청을 했어요.

▷ 돈 안 갚는 채무자를 사기로 고소하고 싶어요.

▷ 해외에서 빌려준 돈을 받지 못했어요.

– 돈을 빌려줬는데 채무자가 돈을 갚지 않아요.

가장 먼저 차용증이나 기타 돈을 빌려주었다는 증거가 있는지 확인한다. 증거가 아무것도 없다면 소송할 수 없다.

공증사무소에서 작성한 공증이 있다면 그 자체로 판결문과 같은 효력을 갖기 때문에 즉시 압류 등 강제집행을 한다.

채무자의 재산을 정확히 알고 있다면 채무자의 재산에 가압류 또는 가처분 신청을 한다. 이후 판결문을 받은 후 본압류를 진행한다.

증거가 있다면 증거를 토대로 지급명령 또는 대여금반환소송을 한다.

집행권원인 판결문을 받게 되면 채무자의 재산을 압류한다.

이때 채무자의 재산이 무엇이 있는지 알 수 없다면 재산명시신청을 하여 채무자가 재산목록을 제출하도록 한다. 이 후 재산조회를 통하여 재산을 확인한 후 압류를 한다.

채무자를 경제 불능의 상태를 만들어 압박하고자 한다면 채무불이행자명부등재신청을 한다.

– 돈을 빌려주고 나서 연인과 헤어졌어요.

과거의 관계를 이유로 그냥 주고말지 뭐.. 하는 식으로 애써 자기합리화를 하고 넘어가는 경우가 꽤나 있다.

옛 연인이나 철천지 원수나 그저 채무자일 뿐이다.

차용증을 작성하지 않고 빌려준 경우가 많으므로 빌려준 내용의 대화내역, 입금내역 등을 통한 증거를 활용하여 지급명령 또는 대여금반환소송을 하여 집행권원을 얻도록 한다. 이후 과정은 채무자가 돈을 갚지 않는 과정과 동일하다.

– 가족에게 돈을 빌려주었는데 받지 못하고 있어요.

'친족상도례'란 친족사이의 재산에 관련된 범죄에 대한 특례로서 가족간에는 절도죄나 사기죄 등의 재산범죄에 대하여 형을 면제해주는 제도이다.

또한 동거 친족 이외의 친족이라면 고소가 있는 경우에만 공소를 제기할 수 있도록 한 제도이다.

여기서 '가족'은 8촌 내 혈족이나 4촌 내 인척, 배우자를 뜻한다.

이 친족상도례는 형사상의 내용이며 민사와는 아무 관계가 없다.

따라서 가족이라도 빌린 돈을 갚지 않는다면 채무자일 뿐이다. 지급명령이나 대여금반환소송 등 얼마든지 법적 절차로 진행할 수 있다.

– 거래처에서 물품대금 결제를 안 해줘요.

물품대금, 공사대금, 용역대금에 관한 소멸시효는 3년으로 짧은 편이다. 채무자가 폐업하거나 부도를 맞이하여 시간이 지나 소멸시효가 완성되지 않도록 신속한 접근이 필요하다.

채권의 성격이 물품대금이라면 물품대금채권의 원인서류를 증거로 하여 채무자를 상대로 물품대금청구소송을 제기하여 판결문을 얻어 강제집행 한다.

– 집주인이 보증금을 돌려주지 않아요.

'묵시적 갱신'이란 임대인이 계약 만기 1개월 전까지 임차인에게 계약 조건 변경이나 계약갱신을 거절한다는 통지를 하지 않는 경우 임대차 계약이 종료된 후 이전의 임대차계약과 같은 조건으로 자동연장 되는 것을 뜻한다.

1. 가장 먼저 계약만기일을 기준하여 최소 1개월 전까지 계약을 종료하겠다는 의사표시를 해야 한다. 의사표시는 내용증명이나 문자 등으로 증거를 남기는 것이 좋다.

통보하지 않으면 '묵시적 갱신'으로 기존 임대차계약과 같은 조건으로 2년 동안 자동으로 연장된다.

＊들어가야 할 내용증명의 내용

집주인 주소 성명

세입자 주소 성명

임대차 계약기간과 보증금액 기재

보증금 미반환시 이에 따른 법적조치 비용 및 손해배상청구 한다는 내용 기재

이때 임대인은 기존 계약을 해지할 수 없지만 임차인은 묵시적 갱신 이후 언제든지 임대인에게 계약해지를 요청할 수 있다. 해지의 효력은 3개월 이후 발생한다.

2. 임대차 계약이 종료되어 보증금을 받지 못했는데 이사를 가야하거나, 주민등록지를 다른 곳으로 옮겨야 하는 경우 임차권등기명령을 신청한다.

3. 마지막 수단으로 지급명령 또는 보증금반환청구소송을 진행한다. 지급명령의 경우 사건명을 '임대차보증금'으로, 보증금반환청구소송의

경우 사건명을 '보증금반환'으로 진행하면 된다.

이후 판결문을 얻게 되면 강제집행 한다.

- 온라인 중고거래를 했는데 물건을 받지 못했어요.

이는 명백한 사기행위에 해당되므로 즉시 경찰서 또는 사이버수사대에 신고하고 '더치트' 홈페이지에 피해사례를 등록한다. 이러한 신고행위는 형사 사건으로 진행되므로 민사신청은 따로 해야 한다. 물품대금에 해당되므로 소멸시효는 3년이다. 사건명을 손해배상청구소송으로 진행하여 판결문을 얻은 후 강제집행 한다.

- 미성년자와 거래를 했어요.

미성년자는 법정대리인에 의해서만 소송행위를 할 수 있다. 즉 미성년자가 소를 제기하는 경우, 미성년자를 상대로 소송을 제기하는 경우 모두 친권자 또는 후견인이 대리하여 당사자가 된다.

기본적인 소송의 구조는 같다. 피고를 상대로 소를 제기하면, 법원에서는 피고가 미성년자이기 때문에 법정대리인 관련하여 문서제출 보정명령을 보낸다. 이후 보정명령서를 가지고 주민센터에서 피고의 신분관계를 증명할 수 있는 가족관계증명서 또는 주민등록등본을 발급받아 첨부하여 법정대리인을 상대로 소를 제기할 수 있다.

- 직장에서 몇 달째 급여를 못 받고 있어요.

임금은 매월 1회 이상 일정한 날짜를 정하여 지급하여야 하며, 사용자는 근로자가 사망 또는 퇴직한 경우 그 지급 사유가 발생한 때부터 14일

이내에 임금, 보상금, 그 밖의 모든 금품을 지급하여야 한다고 근로기준법에서는 정하고 있다.

야간, 휴일 수당이나 최저임금에 미달하여 지급한 경우나 보상금을 지급하지 않은 경우에도 임금체불에 해당한다.

임금을 받지 못한 경우 사업장 관할 지방고용노동관서에 진정을 제기하거나 고용노동부 홈페이지 민원마당 – 민원신청 – 서식민원 – 임금체불 진정서 신청을 통하여 온라인으로 진정을 제기 또는 사용자를 근로기준법 위반으로 처벌해달라는 내용의 고소를 할 수 있다.

진정이 접수되면 고용노동부에서는 사실관계조사 후 체불 임금을 확정하고 지급지시를 하게 된다. 이 과정에서 체불 임금이 지급되면 종결되지만 부 지급 되면 사용자를 입건하여 범죄사실에 대한 수사를 하게 된다.

곤란을 겪고 있는 근로자를 위해 대한법률구조공단에서는 무료로 민사소송을 지원받을 수 있도록 도와주고 있으며 고용노동부 홈페이지에서 그 내용들을 확인할 수 있다.

다만 지원 대상은 임금 및 퇴직금 체불당시 최종 3개월의 월평균 임금이 400만원 미만인자로 제한하는 등의 조건이 있으니 문의 후 진행하는 것이 좋다.

– 빌려준 돈이 적은데 돌려받을 수 있을까요?

빌려준 돈이 3000만원을 초과하지 않는 경우 민사소송을 제기하면 소액심판청구소송으로 진행된다. 이 제도는 일반 소송보다 비교적 간편하고 신속하게 진행되는데 소요기간은 대략 2개월에서 3개월 정도이며, 인지대와 송달료는 청구금액의 0.5%이다.

소장 제출 후 법원이 판단하여 채권자의 주장을 인정하면 변론을 거치지 않고 바로 채무자에게 이행권고결정을 내릴 수 있다. 이후 피고가 등본 송달받은 날로부터 2주 이내 이의신청을 하지 않으면 확정판결과 같은 효력을 갖게 되고, 이행권고결정이 없는 경우에는 단 1회의 재판을 거쳐 마무리된다.

청구금액 3만원이나 3000만원이나 소송의 진행 과정은 같다. 따라서 청구금액이 소액인 경우 소송에 소요되는 시간이나 비용을 계산해보고 실익을 따져 소송 진행 여부를 판단하는 것이 좋다.

– 소송비용을 채무자에게 받을 수 있나요?

소송을 하게 되면 경우에 따라 변호사 선임비나 송달료, 인지액, 감정비용 등 다양한 비용이 들어가게 된다. 이러한 비용은 패소한 당사자가 승소한 당사자에게 비용의 일부 및 전부를 돌려주게 되어있다. 다만 그 범위와 비율에 대해서는 법원의 판단에 맡긴다.

소송이 마무리되고 판결문을 받은 후, 상대방으로부터 소송비용을 반환받지 못했다면 '소송비용액확정신청'을 할 수 있다. 판결문, 송달증명원, 소송비용 계산서, 영수증 등을 준비하여 소송 할 수 있다. 이때 관할 법원은 1심 관할 법원이며 결정까지는 대개 2개월에서 3개월 정도 걸린다.

서류제출 – 민사서류 – 민사신청 – 본안관련신청 – 소송비용액확정신청서

소송비용액확정신청과 마찬가지로 채권자가 판결문 등의 집행권원으로 강제집행을 하였다면 '집행비용액확정신청'을 통해 강제집행 비용을 돌려받을 수 있다. 이 때 강제집행을 취하한 경우에는 신청할 수 없다. 집행권원 정본, 송달증명원, 확정증명원, 입출금내역서, 집행조서 등을 준비하여 소송할 수 있다. 이때 관할 법원은 판결을 받은 법원이 아니라 강제집행을 개시한 집행법원이다.

서류제출 – 민사집행서류 – 그밖의집행 – 주신청 – 집행비용액확정결정신청서

– 돈 빌려간 사람이 파산신청을 했어요.

채무자가 파산신청 후 면책 결정을 받았다면 채무변제의무는 사라지므로 채권자 입장에서는 더 이상 돈을 갚아달라고 요구할 수 없다. 그렇다면 채권자가 할 수 있는 것은 아무것도 없는 걸까?

먼저 채무자가 거짓말을 하는 것은 아닌지, 실제로 파산절차에 들어갔는지 확인한다. 대법원 나의사건 검색 사이트에서 사건번호를 통해 그 진행상황을 확인할 수 있다.

채무자가 파산신청을 하였을 때 채권 중 면책되지 않는 '비면책 채권'이 있다.

최초 채무자가 파산 신청시 채권자목록에 기재하지 않은 채권, 그리고 불법행위손해배상채권이 비면책 채권에 해당한다. 채무자가 채권자의 채권을 고의로 채권자목록에 기재하지 않았다면 이는 비면책채권으로 채권자는 변제를 받을 수 있다. 또한 돈을 빌릴 당시에 갚을 능력 또

는 의사가 없었거나 채권자를 속여 돈을 갚지 않는 경우 이를 입증할 수 있다면 사기죄로 고소를 하여 처벌을 요구할 수 있다. 사기죄가 성립하게 되면 채권자의 채권은 불법행위손해배상채권의 성격을 갖게 되어 채무자의 파산과는 상관없이 변제를 받을 수 있다.

- 돈 안 갚는 채무자를 사기로 고소하고 싶어요.

돈을 빌릴 당시에 채무자가 돈을 갚을 능력 또는 의사가 없었거나 빌린 돈의 사용용도를 달리하여 채권자를 속여 돈을 갚지 않는 경우 이를 입증할 수 있다면 사기죄로 형사 고소할 수 있다. 전체 채무금액 중 일부 금액을 변제하였다면 사기죄는 성립되지 않는다.

형사고소를 하거나 민사소송을 제기하거나 그 순서는 상관이 없으며 동시에 진행할 수도 있다. 다만 법적인 절차를 성공적으로 진행한다고 하여 변제를 받는 것은 아니기 때문에 법적 절차를 진행하기 전, 채무자를 효과적으로 압박할 수 있는 수단과 방법을 충분히 고려해보는 것이 좋다.

- 외국에서 돈을 빌려줬는데 못 받고 있어요.

채무자가 한국인이고 한국에 주소지가 있다면 증빙자료를 모아 소송을 진행해볼 수 있다. 해외 거주중인 영주권자라 해도 국적은 한국이기 때문에 신분증 상 가족이 거주중인 주소지에 소장을 제출할 수 있다.

다만 전자소송으로는 대한민국의 원화만 지원하므로, 외화로 거래한 경우에는 종이소송으로 진행해야 한다.